드림 웨이브

하나님 나라의 통치 2

사무엘하 / 열왕기상·하

청소년

인도자용 교재

꿈이있는미래

드림 웨이브 청소년

하나님 나라의 통치 2 인도자용 교재

초판 1쇄 인쇄 2023년 05월 19일
초판 1쇄 발행 2023년 05월 30일

글 쓴 이 박성광 김창석 변상선
그 린 이 김홍

발 행 인 김은호
발 행 처 도서출판 꿈미
등 록 제2014-000035호
주 소 서울시 강동구 양재대로81길 39, 202호
전 화 070-4352-4143, 02-6413-4896
팩 스 02-470-1397
홈페이지 www.coommi.org
쇼 핑 몰 www.coommimall.com

ISBN 979-11-90862-94-3 (74230)
ISBN 979-11-89047-15-3 (SET)

머리말

기독교 교육에서 중요한 것은 하나님에 대한 지식을 넘어 하나님과의 경험을 풍성하게 하는 것입니다. 이런 교육 철학으로 다음세대가 하나님과의 스토리를 만들어 가도록 청소년을 위한 공과 교재를 발간했습니다.

하나님의 말씀에는 세상이 감당할 수 없는 하나님의 사람으로 자라나게 하는 힘이 있습니다. 이 교재는 하나님의 말씀을 통해 자신을 들여다보고 삶을 변화시키도록 돕습니다. 다음세대가 하나님의 이야기를 배우고 그 이야기가 나의 이야기로 어떻게 연결되는지를 체험하게 될 것입니다. 이와 같은 교육 철학을 담은 '드림웨이브'를 통해 한국교회와 가정, 학교에서 다음세대가 다시 일어나고 그들이 하나님 나라의 귀한 일꾼으로 세워지길 간절히 기도합니다.

꿈이 있는 미래 대표 가스펠 목사

차 례

10단원

11단원

12단원

절기 공과

교재 활용법

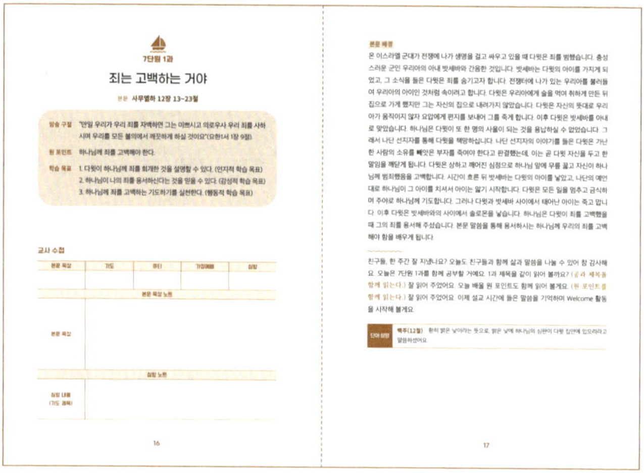

7단원 1과

죄는 고백하는 거야

본문 사무엘하 12장 13~23절

암송 구절 "만일 우리가 우리 죄를 자백하면 그는 미쁘시고 의로우사 우리 죄를 사하시며 우리를 모든 불의에서 깨끗하게 하실 것이요"(요한1서 1장 9절)

원 포인트 하나님께 죄를 고백해야 한다.

학습 목표 1. 다윗이 하나님께 죄를 회개한 것을 설명할 수 있다. (인지적 학습 목표)
2. 하나님이 나의 죄를 용서하신다는 것을 믿을 수 있다. (감성적 학습 목표)
3. 하나님께 죄를 고백하는 기도하기를 실천한다. (행동적 학습 목표)

교사 수첩

본문 묵상	기도	큐티	가정예배	심방
본문 묵상 노트				
본문 묵상				
심방 노트				
심방 내용 (기도 제목)				

16

본문 배경

온 이스라엘 군대가 전쟁에 나가 생명을 걸고 싸우고 있을 때 다윗은 죄를 범했습니다. 충성스러운 군인 우리아의 아내 밧세바와 간음한 것입니다. 밧세바는 다윗의 아이를 가지게 되었고, 그 소식을 들은 다윗은 죄를 숨기고자 합니다. 전쟁터에 나가 있는 우리아를 불러들여 우리아의 아이인 것처럼 속이려고 합니다. 다윗은 우리아에게 술을 먹여 취하게 만든 뒤 집으로 가게 했지만 그는 자신의 집으로 내려가지 않았습니다. 다윗은 자신의 뜻대로 우리아가 움직이지 않자 요압에게 편지를 보내어 그를 죽게 합니다. 이후 다윗은 밧세바를 아내로 맞았습니다. 하나님은 다윗이 또 한 명의 사울이 되는 것을 용납하실 수 없었습니다. 그래서 나단 선지자를 통해 다윗을 책망하십니다. 나단 선지자의 이야기를 들은 다윗은 가난한 사람의 소유를 빼앗은 부자를 죽여야 한다고 판결했는데, 이는 곧 다윗 자신을 두고 한 말임을 깨닫게 됩니다. 다윗은 상하고 깨어진 심정으로 하나님 앞에 무릎 꿇고 자신이 하나님께 범죄했음을 고백합니다. 시간이 흐른 뒤 밧세바는 다윗의 아이를 낳았고, 나단의 예언대로 하나님이 그 아이를 치셔서 아이는 앓기 시작합니다. 다윗은 모든 일을 멈추고 금식하며 주야로 하나님께 기도합니다. 그러나 다윗과 밧세바 사이에서 태어난 아이는 죽고 맙니다. 이후 다윗은 밧세바와의 사이에서 솔로몬을 낳습니다. 하나님은 다윗이 죄를 고백했을 때 그의 죄를 용서해 주셨습니다. 본문 말씀을 통해 용서하시는 하나님께 우리의 죄를 고백해야 함을 배우게 됩니다.

친구들, 한 주간 잘 지냈나요? 오늘도 친구들과 함께 삶과 말씀을 나눌 수 있어 참 감사해요. 오늘은 7단원 1과를 함께 공부할 거예요. 1과 제목을 같이 읽어 볼까요? (공과 제목을 함께 읽는다.) 잘 읽어 주었어요. 오늘 배울 원 포인트도 함께 읽어 볼게요. (원 포인트를 함께 읽는다.) 잘 읽어 주었어요. 이제 설교 시간에 들은 말씀을 기억하며 Welcome 활동을 시작해 볼게요.

단어 설명 백주(12절) 환히 밝은 낮이라는 뜻으로, 밝은 낮에 하나님의 심판이 다윗 집안에 있으리라고 말씀하셨어요.

17

교사 수첩

공과 인도자가 활용할 수 있는 교사 수첩은 공과 인도 준비 전과 후에 활용이 가능합니다. 매주 공과 인도를 준비하면서 해당되는 본문을 묵상한 후, 학생들에게 전하고자 하는 메시지를 기록하는 용도로 사용 가능합니다. 또한 주중에 각 반 학생들을 심방한 내용을 기록하는 용도로도 사용이 가능합니다.

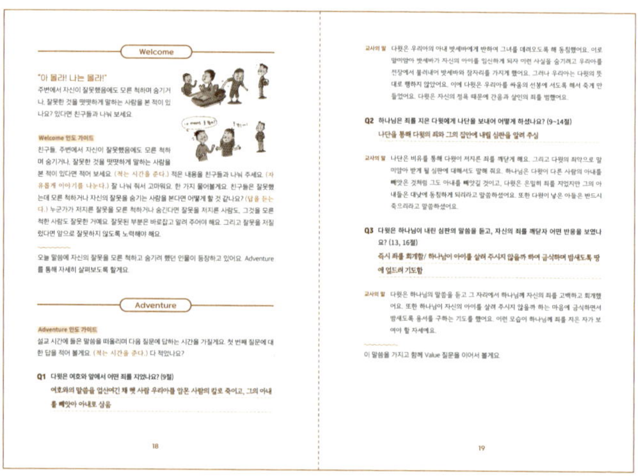

Welcome

"아 몰라! 나는 몰라!"

주변에서 자신이 잘못했음에도 모른 척하며 숨기거나, 잘못한 것을 떳떳하게 말하는 사람을 본 적이 있나요? 있다면 친구들과 나눠 보세요.

Welcome 인도 가이드

친구들, 주변에서 자신이 잘못했음에도 모른 척하며 숨기거나, 잘못한 것을 떳떳하게 말하는 사람을 본 적이 있다면 적어 보세요. (적는 시간을 준다.) 적은 내용을 친구들과 나눠 주세요. (자유롭게 이야기를 나눈다.) 잘 나눠 줘서 고마워요. 한 가지 물어볼게요. 친구들은 잘못했는데 모른 척하거나 자신의 잘못을 숨기는 사람을 본다면 어떻게 할 것 같나요? (답을 듣는다.) 누군가가 저지른 잘못을 모른 척하거나 숨긴다면 잘못을 저지른 사람도, 그것을 모른 척한 사람도 잘못한 거예요. 잘못된 부분은 바로잡고 알려 주어야 해요. 그리고 잘못을 저질렀다면 앞으로 잘못하지 않도록 노력해야 해요.

오늘 말씀에 자신의 잘못을 모른 척하고 숨기려 했던 인물이 등장하고 있어요. Adventure를 통해 자세히 살펴보도록 할게요.

Adventure

Adventure 인도 가이드

설교 시간에 들은 말씀을 떠올리며 다음 질문에 답하는 시간을 가질게요. 첫 번째 질문에 대한 답을 적어 볼게요. (적는 시간을 준다.) 다 적었나요?

Q1 다윗은 여호와 앞에서 어떤 죄를 지었나요? (9절)

여호와의 말씀을 업신여긴 채 헷 사람 우리아를 암몬 사람의 칼로 죽이고, 그의 아내를 빼앗아 아내로 삼음

18

교사의 말 다윗은 우리아의 아내 밧세바에게 반하여 그녀를 데려오도록 해 동침했어요. 이로 말미암아 밧세바가 자신의 아이를 임신하게 되자 이런 사실을 숨기려고 우리아를 전장에서 불러내어 밧세바와 잠자리를 가지게 했어요. 그러나 우리아는 다윗의 뜻대로 행하지 않았어요. 이에 다윗은 우리아를 싸움의 선봉에 서도록 해서 죽게 만들었어요. 다윗은 자신의 정욕 때문에 간음과 살인의 죄를 범했어요.

Q2 하나님은 죄를 지은 다윗에게 나단을 보내어 어떻게 하셨나요? (9~14절)

나단을 통해 다윗의 죄와 그의 집안에 내릴 심판을 알려 주심

교사의 말 나단은 비유를 통해 다윗이 저지른 죄를 깨닫게 해요. 그리고 다윗의 죄악으로 말미암아 받게 될 심판에 대해서도 말해 줘요. 하나님은 다윗이 다른 사람의 아내를 빼앗은 것처럼 그도 아내를 빼앗길 것이고, 다윗은 은밀히 죄를 지었지만 그의 아내들은 대낮에 동침하게 되리라고 말씀하셨어요. 또한 다윗이 낳은 아들은 반드시 죽으리라고 말씀하셨어요.

Q3 다윗은 하나님이 내린 심판의 말씀을 듣고, 자신의 죄를 깨닫자 어떤 반응을 보였나요? (13, 16절)

즉시 죄를 회개함/ 하나님이 아이를 살려 주시지 않을까 하여 금식하며 밤새도록 땅에 엎드려 기도함

교사의 말 다윗은 하나님의 말씀을 듣고 그 자리에서 하나님께 자신의 죄를 고백하고 회개했어요. 또한 하나님이 자신의 아이를 살려 주시지 않을까 하는 마음에 금식하면서 밤새도록 용서를 구하는 기도를 했어요. 이런 모습이 하나님께 죄를 지은 자가 보여야 할 자세예요.

이 말씀을 가지고 함께 Value 질문을 이어서 볼게요.

19

Welcome 말씀 안에 더욱 깊이 들어가기 위해 마음을 여는 단계입니다. **(5분)**

Adventure 함께 본문을 탐험해 가며 귀납적 성경 연구를 진행하는 단계입니다. **(7분)**

Value 하나님의 말씀을 기반으로 내 삶에 구체적인 가치를 부여하는 단계입니다. **(5분)**

Value 질문 활용법

[모두 질문] 쉽게 답을 찾을 수 있는 질문으로, 특정한 대상을 정하지 않고 모두에게 대답을 듣습니다.

[개인 질문] 깊이 생각한 후 답하거나 개인의 고백을 나눠야 하는 질문으로, 3~4명에게 대답을 듣습니다.

[서로 질문] 혼자서는 대답하기 어렵거나 서로의 삶을 나눠야 하는 질문으로, 두 명씩 짝을 지어 서로 나누거나 나눈 내용을 발표하게 합니다.

Encourage 구체적인 계획을 통해 삶에 거룩한 습관을 세워 가는 단계입니다. **(3분)**

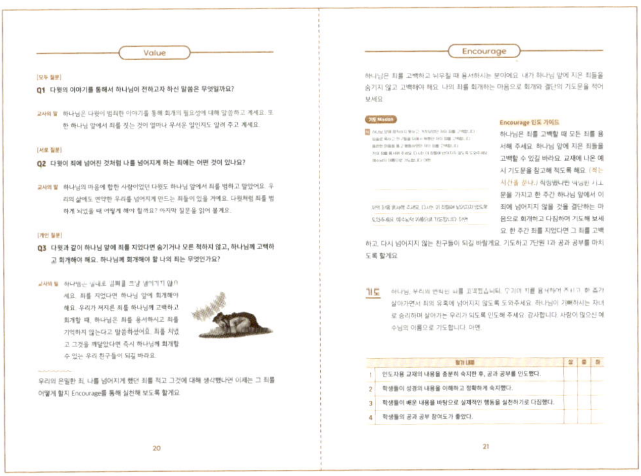
Value

[모두 질문]

Q1 다윗의 이야기를 통해서 하나님이 전하고자 하신 말씀은 무엇일까요?

교사의 말 하나님은 다윗이 범죄한 이야기를 통해 회개의 필요성에 대해 말씀하고 계세요. 또한 하나님 앞에서 죄를 짓는 것이 얼마나 무서운 일인지도 알려 주고 계세요.

[서로 질문]

Q2 다윗이 죄에 넘어진 것처럼 나를 넘어지게 하는 죄에는 어떤 것이 있나요?

교사의 말 하나님의 마음에 합한 사람이었던 다윗도 하나님 앞에서 죄를 범하고 말았어요. 우리의 삶에도 연약한 우리를 넘어지게 만드는 죄들이 있을 거예요. 다윗처럼 죄를 범하게 되었을 때 어떻게 해야 할까요? 마지막 질문을 읽어 볼게요.

[개인 질문]

Q3 다윗과 같이 하나님 앞에 죄를 지었다면 숨기거나 모른 척하지 않고, 하나님께 고백하고 회개해야 해요. 하나님께 회개해야 할 나의 죄는 무엇인가요?

교사의 말 하나님은 [illegible] 넘어가지 않으세요. 죄를 지었다면 하나님 앞에 회개해야 해요. 우리가 저지른 죄를 하나님께 고백하고 회개할 때, 하나님은 죄를 용서하시고 죄를 기억하지 않는다고 말씀하셨어요. 죄를 지었고 그것을 깨달았다면 즉시 하나님께 회개할 수 있는 우리 친구들이 되길 바라요.

우리의 은밀한 죄, 나를 넘어지게 했던 죄를 적고 그것에 대해 생각했다면 이제는 그 죄를 어떻게 할지 Encourage를 통해 실천해 보도록 할게요.

20

Encourage

하나님은 죄를 고백하고 뉘우칠 때 용서하시는 분이에요. 내가 하나님 앞에 지은 죄들을 숨기지 않고 고백해야 해요. 나의 죄를 회개하는 마음으로 회개와 결단의 기도문을 적어 보세요.

기도 Mission

Encourage 인도 가이드

하나님은 죄를 고백할 때 모든 죄를 용서해 주세요. 하나님 앞에 지은 죄들을 고백할 수 있길 바라요. 교재에 나온 예시 기도문을 참고해 적도록 해요. (적는 시간을 준다.) 작성했다면 작성한 기도문을 가지고 한 주간 하나님 앞에서 이 죄에 넘어지지 않을 것을 결단하는 마음으로 회개하고 다짐하며 기도해 보세요. 한 주간 죄를 지었다면 그 죄를 고백하고, 다시 넘어지지 않는 친구들이 되길 바랄게요. 기도하고 7단원 1과 공과 공부를 마치도록 할게요.

기도 하나님, 우리의 은밀한 죄를 고백합니다. [illegible] 용서하여 주시고, 한 주가 살아가면서 죄의 유혹에 넘어지지 않도록 도와주세요. 하나님이 기뻐하시는 자녀로 승리하며 살아가는 우리가 되도록 인도해 주세요. 감사합니다. 사랑이 많으신 예수님의 이름으로 기도합니다. 아멘.

	평가 내용	상	중	하
1	인도자용 교재의 내용을 충분히 숙지한 후, 공과 공부를 인도했다.			
2	학생들이 성경의 내용을 이해하고 정확하게 숙지했다.			
3	학생들이 배운 내용을 바탕으로 실제적인 행동을 실천하기로 다짐했다.			
4	학생들의 공과 공부 참여도가 좋았다.			

21

인도자 공과 인도 평가 공과 인도자가 매주 기록하는 '평가 내용' 표는 공과 공부를 마친 후, 공과 인도 내용에 대해 피드백하는 시간을 가질 수 있도록 돕습니다. 각각의 문항에 '상', '중', '하'로 공과 시간을 평가하여 공과 시간을 되돌아볼 수 있으며, 공과 인도 준비에 필요한 부분을 점검할 수 있습니다.

한눈에 보기

단원	과	제목	읽을 말씀	외울 말씀	원 포인트
7	1	죄는 고백하는 거야	삼하 12:13~23	요일 1:9	하나님께 죄를 고백해야 한다.
	2	압살롬의 반역	삼하 15:1~12	롬 13:14	하나님의 뜻을 따라야 한다.
	3	하나님의 뜻대로	삼하 16:1~14	시 143:10	하나님의 뜻을 구해야 한다.
	4	압살롬의 최후	삼하 18:1~15	마 23:12	하나님은 자신을 높이는 자를 낮추신다.
	5	다윗의 노래	삼하 22:1~7	삼하 22:30	하나님은 승리를 주시는 분이다.
8	1	내 인생의 1순위	왕상 2:1~12	왕상 2:3	하나님의 말씀대로 살아야 한다.
	2	나의 소원은	왕상 3:1~9	잠 4:7	하나님의 지혜를 구해야 한다.
	3	하나님의 지혜	왕상 3:16~28	욥 12:13	하나님의 지혜를 의지해야 한다.
	4	함께하시는 하나님	왕상 6:1~13	레 26:12	하나님은 하나님의 백성과 함께하신다.
9	1	은혜에 대한 반응, 감사!	왕상 8:54~66	시 31:19	하나님이 주신 은혜에 감사해야 한다.
	2	하나님만을 사랑!	왕상 11:1~13	미 6:8	하나님만 사랑해야 한다.
	3	나의 마음을 하나님께로!	왕상 12:25~33	잠 4:23	나의 마음이 하나님께로 향해야 한다.
	4	하나님 앞에서	왕상 15:9~15	시 51:10	하나님 앞에 정직해야 한다.

단원	과	제목	읽을 말씀	외울 말씀	원 포인트
10	1	아픔에서 아버지 품으로	왕상 17:17~24	시 119:71	고난은 하나님을 알게 한다.
	2	여호와만 참 하나님	왕상 18:30~40	시 100:3	여호와만 참 하나님이시다.
	3	죄, 감출 수 없음!	왕상 21:17~29	잠 28:13	하나님은 나의 모든 죄를 아시는 분이다.
	4	능력의 하나님!	왕하 2:1~18	빌 4:13	하나님은 능력을 주시는 분이다.
	5	나의 도움 어디서 오나?	왕하 4:29~37	시 36:9	하나님이 생명을 다스리신다.
11	1	이해할 수 없어도	왕하 5:1~14	히 9:22	하나님이 깨끗하게 하신다.
	2	약속을 지키시는 하나님!	왕하 7:9~20	잠 13:13	하나님의 말씀은 반드시 이루어진다.
	3	하나님께 유턴	왕하 11:13~21	시 80:3	우상을 버리고 하나님께 돌아가야 한다.
	4	끝날 때까지 끝난 게 아니다	왕하 13:14~25	시 121:3	하나님은 하나님의 백성을 지키신다.
12	1	지킬 것은 지켜	왕하 17:13~23	신 12:28	하나님의 말씀을 듣고 지켜야 한다.
	2	주만 의지해	왕하 18:1~12	시 84:12	하나님만 믿고 의지해야 한다.
	3	기도가 정답이다	왕하 20:1~11	렘 33:3	하나님은 간절한 기도를 들으신다.
	4	다시 하나님 말씀으로	왕하 22:8~20	시 51:7	하나님의 말씀을 듣고 회개해야 한다.
	5	행동에 뒤따르는 결과	왕하 25:1~17	벧전 5:6	하나님 앞에서 겸손해야 한다.
추수감사주일		감사할 수 있는 이유	롬 6:17~23	롬 6:22	영생을 주신 하나님께 감사해야 한다.
성탄주일		굿 뉴스(Good News)	눅 2:8~20	눅 2:11	예수님은 세상의 좋은 소식이시다.

책 소개

Samuel

'사무엘서'의 뜻은?

사무엘서는 이스라엘의 마지막 사사이자 새롭게 왕정 시대를 열게 될 선지자 사무엘의 이야기로 시작해서 다윗 왕조 이야기로 끝을 맺어요. 또한 사무엘서는 이스라엘에 왕정이 설립된 과정과 왕정이 갖는 신학적 중요성을 말해요. 이스라엘이 어떻게 사사 시대를 마무리하고 왕정 시대를 맞이했는지, 하나님이 그들의 역사에 어떻게 간섭하셨는지를 묘사해요.

누가, 언제 썼나요?

선지자 사무엘이 사무엘상 1~24장을, 선지자 나단과 가드가 나머지를 집필했다고 전해져요. 이외에도 다윗 정권 때 서기관으로 활약한 스라야(삼하 8:17), 사독의 아들로 압살롬의 반란 때 다윗을 도운 아히마아스(삼하 15:27), 다윗의 광야 시절부터 함께한 제사장 아비아달(삼하 20:25) 등이 썼다고 말하기도 해요. 저자가 누구였는지 가늠할 수 없어도 B.C. 550~540년에 바빌론에서 최종적으로 편집되었을 것으로 봐요.

어떤 내용이 담겨 있나요?

사무엘서는 이스라엘의 역사 가운데 사사 시대 말기부터 다윗 왕까지의 역사를 다뤄요. 사무엘은 사울을 왕으로 세우고 후에 다윗을 왕으로 세웠어요. 사무엘은 사울의 실패를 통해 왕도 하나님의 말씀과 율법에 순종해야 함을 알려 줘요. 이스라엘의 진정한 왕은 하나님뿐이에요. 하나님은 사무엘서 전반에 걸쳐 왕으로 세워진 이들이 다윗과 같이 왕의 자리에서도 하나님을 왕으로 섬기는지 아닌지를 보셨어요. 그리고 그들의 나라와 삶을 인도하셨어요.

무엇을 배우게 되나요?

첫째, 하나님이 이스라엘의 역사에 주권적으로 개입하신다는 거예요. 역사가 하나님 중심적, 그리스도 중심적으로 전개되는 것을 볼 수 있어요.

둘째, 하나님의 통치-신정(theocracy)의 원칙이에요. 삶의 모든 영역에서 하나님만이 왕이심을 분명히 알아야 해요.

셋째, 왕도 백성과 같이 하나님의 법에 순종해야 한다는 거예요. 사무엘 시대에 백성이 왕을 요구하자, 결국 하나님은 왕을 세우시고 왕의 자격과 의무를 정해 주셨어요. 왕은 하나님의 뜻에 굴복해야 해요. 높은 왕일지라도 하나님의 자리에 앉아서는 안 돼요.

'열왕기서'의 뜻은?

열왕기서는 고대 이스라엘의 왕국 시대(B.C. 970~586년)에 대해서 묘사해요. 또한 열왕기서에는 사울과 다윗의 통치에 관한 이야기는 대부분 제외되었어요. 신명기에 제시된 신학적 관점에 근거해서 이스라엘의 과거를 설명하려고 시도해요. 열왕기서의 저자가 신명기에 의해 영향을 받은 사실을 알 수 있어요.

누가, 언제 썼나요?

열왕기서는 B.C. 6세기 이후에 기록된 것으로 추정돼요. 하지만 이와 다른 견해도 있어요. 포로 시대 후기 또는 포로 시대 이후에 저술된 열왕기서가 B.C. 586년 남유다 왕국의 백성이 포로로 끌려가기 전 또는 포로 시대에 저술된 초기 열왕기 판본에 기초해서 작성되었다는 견해예요. 열왕기서의 본문에 페르시아 시대(B.C. 539~330년)에 편집되었다는 증거도 있어요.

어떤 내용이 담겨 있나요?

열왕기서는 신명기에 제시된 신학적 관점에 근거해서, 이스라엘 왕국의 후기 시대를 설명해요. 열왕기서는 선하신 하나님이, 그분이 선택한 나라가 멸망하고 이스라엘 백성이 포로로 잡혀가는 것을 지켜보셨다고 주장해요. 그리고 이는 이스라엘 백성이 하나님 앞에서 수많은 죄를 지었기 때문이라고 해요. 그러나 하나님은 하나님이 선택한 왕조가 끊어지지 않게 하시고, 진정으로 회개한 사람들을 용서해 주세요.

무엇을 배우게 되나요?

첫째, 여호와는 유일하시며 참되신 하나님이라는 사실을 계속해서 보여 줘요. 하나님은 결코 우상과 견줄 수 없는, 모든 만물을 지으신 분이에요.
둘째, 오직 하나님만을 섬겨야 한다는 거예요. 하나님은 이스라엘 백성에게 우상을 섬기지 말고, 오직 하나님만을 경배하라고 말씀하셨어요.
셋째, 참된 예배와 잘못된 예배에 대해서 알려 줘요. 하나님은 우상을 섬기는 잘못된 예배를 심판하세요. 하나님의 백성은 참된 예배를 통해 하나님의 말씀에 순종하며 살아야 해요.

꿈미 메타버스

젭 로블록스

‘변하지 않는 말씀을 변하는 시대적 도구로 가르치라.’

2023년 꿈미 메타버스는 드림웨이브 ‘하나님 나라의 통치’ 커리큘럼에 맞춰 제작되었습니다. 하나님의 말씀을 메타버스에서 배울 수 있도록 두 가지 플랫폼의 콘텐츠를 제공합니다.

드림웨이브 <젭>

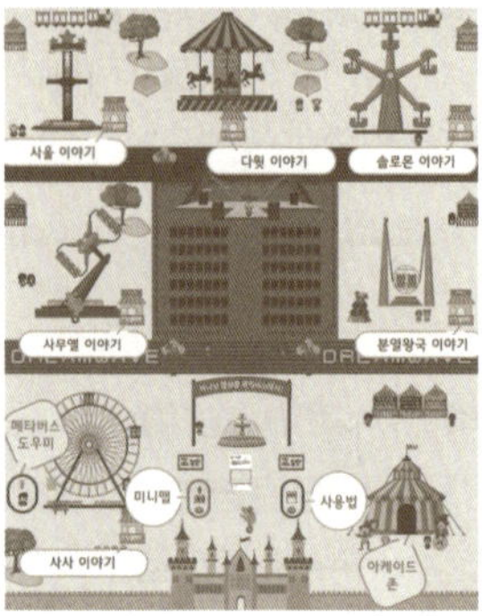

2D를 활용한 ZEP(젭)은 놀이공원 콘셉트로 맵이 구성되어 있습니다. 드림웨이브 공과에 맞춰 사사 이야기부터 분열 왕국까지의 이야기를 다룹니다. 매주 게임을 통해 자연스럽게 성경 이야기를 배웁니다. 또한 ZEP(젭)으로 오프라인 공간에서 온라인을 활용한 교육을 진행할 수 있습니다.

드림웨이브 <로블록스>

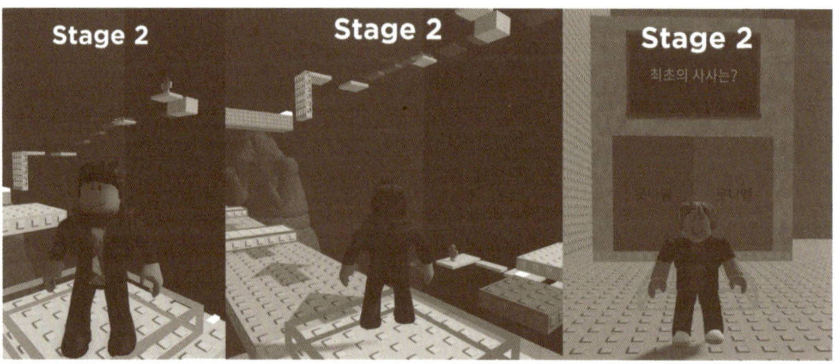

3D를 활용한 ROBLOX(로블록스)는 게임 내에서 가장 인기가 많은 ‘타워’(점프맵) 형식입니다. 다양한 퀴즈를 통해 즐겁게 그리고 자연스럽게 성경을 배울 수 있습니다.

7 단원

The Rule of the Kingdom of God #2

7단원 1과

죄는 고백하는 거야

본문 **사무엘하 12장 13~23절**

암송 구절 "만일 우리가 우리 죄를 자백하면 그는 미쁘시고 의로우사 우리 죄를 사하시며 우리를 모든 불의에서 깨끗하게 하실 것이요"(요한1서 1장 9절).

원 포인트 하나님께 죄를 고백해야 한다.

학습 목표
1. 다윗이 하나님께 죄를 회개한 것을 설명할 수 있다. (인지적 학습 목표)
2. 하나님이 나의 죄를 용서하신다는 것을 믿을 수 있다. (감성적 학습 목표)
3. 하나님께 죄를 고백하는 기도하기를 실천한다. (행동적 학습 목표)

교사 수첩

본문 묵상	기도	큐티	가정예배	심방

본문 묵상 노트	
본문 묵상	

심방 노트	
심방 내용 (기도 제목)	

본문 배경

온 이스라엘 군대가 전쟁에 나가 생명을 걸고 싸우고 있을 때 다윗은 죄를 범했습니다. 충성스러운 군인 우리아의 아내 밧세바와 간음한 것입니다. 밧세바는 다윗의 아이를 가지게 되었고, 그 소식을 들은 다윗은 죄를 숨기고자 합니다. 전쟁터에 나가 있는 우리아를 불러들여 우리아의 아이인 것처럼 속이려고 합니다. 다윗은 우리아에게 술을 먹여 취하게 만든 뒤 집으로 가게 했지만 그는 자신의 집으로 내려가지 않았습니다. 다윗은 자신의 뜻대로 우리아가 움직이지 않자 요압에게 편지를 보내어 그를 죽게 합니다. 이후 다윗은 밧세바를 아내로 맞았습니다. 하나님은 다윗이 또 한 명의 사울이 되는 것을 용납하실 수 없었습니다. 그래서 나단 선지자를 통해 다윗을 책망하십니다. 나단 선지자의 이야기를 들은 다윗은 가난한 사람의 소유를 빼앗은 부자를 죽여야 한다고 판결했는데, 이는 곧 다윗 자신을 두고 한 말임을 깨닫게 됩니다. 다윗은 상하고 깨어진 심정으로 하나님 앞에 무릎 꿇고 자신이 하나님께 범죄했음을 고백합니다. 시간이 흐른 뒤 밧세바는 다윗의 아이를 낳았고, 나단의 예언대로 하나님이 그 아이를 치셔서 아이는 앓기 시작합니다. 다윗은 모든 일을 멈추고 금식하며 주야로 하나님께 기도합니다. 그러나 다윗과 밧세바 사이에서 태어난 아이는 죽고 맙니다. 이후 다윗은 밧세바와의 사이에서 솔로몬을 낳습니다. 하나님은 다윗이 죄를 고백했을 때 그의 죄를 용서해 주셨습니다. 본문 말씀을 통해 용서하시는 하나님께 우리의 죄를 고백해야 함을 배우게 됩니다.

친구들, 한 주간 잘 지냈나요? 오늘도 친구들과 함께 삶과 말씀을 나눌 수 있어 참 감사해요. 오늘은 7단원 1과를 함께 공부할 거예요. 1과 제목을 같이 읽어 볼까요? (공과 제목을 함께 읽는다.) 잘 읽어 주었어요. 오늘 배울 원 포인트도 함께 읽어 볼게요. (원 포인트를 함께 읽는다.) 잘 읽어 주었어요. 이제 설교 시간에 들은 말씀을 기억하며 Welcome 활동을 시작해 볼게요.

단어 설명 **백수(12절)** 환히 밝은 낮이라는 뜻으로, 밝은 낮에 하나님의 심판이 다윗 집안에 있으리라고 말씀하셨어요.

Welcome

"아 몰라! 나는 몰라!"

주변에서 자신이 잘못했음에도 모른 척하며 숨기거나, 잘못한 것을 떳떳하게 말하는 사람을 본 적이 있나요? 있다면 친구들과 나눠 보세요.

Welcome 인도 가이드

친구들, 주변에서 자신이 잘못했음에도 모른 척하며 숨기거나, 잘못한 것을 떳떳하게 말하는 사람을 본 적이 있다면 적어 보세요. (적는 시간을 준다.) 적은 내용을 친구들과 나눠 주세요. (자유롭게 이야기를 나눈다.) 잘 나눠 줘서 고마워요. 한 가지 물어볼게요. 친구들은 잘못했는데 모른 척하거나 자신의 잘못을 숨기는 사람을 본다면 어떻게 할 것 같나요? (답을 듣는다.) 누군가가 저지른 잘못을 모른 척하거나 숨긴다면 잘못을 저지른 사람도, 그것을 모른 척한 사람도 잘못한 거예요. 잘못된 부분은 바로잡고 알려 주어야 해요. 그리고 잘못을 저질렀다면 앞으로 잘못하지 않도록 노력해야 해요.

오늘 말씀에 자신의 잘못을 모른 척하고 숨기려 했던 인물이 등장하고 있어요. Adventure를 통해 자세히 살펴보도록 할게요.

Adventure

Adventure 인도 가이드

설교 시간에 들은 말씀을 떠올리며 다음 질문에 답하는 시간을 가질게요. 첫 번째 질문에 대한 답을 적어 볼게요. (적는 시간을 준다.) 다 적었나요?

Q1 다윗은 여호와 앞에서 어떤 죄를 지었나요? (9절)

여호와의 말씀을 업신여긴 채 헷 사람 우리아를 암몬 사람의 칼로 죽이고, 그의 아내를 빼앗아 아내로 삼음

교사의 말 다윗은 우리아의 아내 밧세바에게 반하여 그녀를 데려오도록 해 동침했어요. 이로 말미암아 밧세바가 자신의 아이를 임신하게 되자 이런 사실을 숨기려고 우리아를 전장에서 불러내어 밧세바와 잠자리를 가지게 했어요. 그러나 우리아는 다윗의 뜻대로 행하지 않았어요. 이에 다윗은 우리아를 싸움의 선봉에 서도록 해서 죽게 만들었어요. 다윗은 자신의 정욕 때문에 간음과 살인의 죄를 범했어요.

Q2 하나님은 죄를 지은 다윗에게 나단을 보내어 어떻게 하셨나요? (9~14절)

나단을 통해 다윗의 죄와 그의 집안에 내릴 심판을 알려 주심

교사의 말 나단은 비유를 통해 다윗이 저지른 죄를 깨닫게 해요. 그리고 다윗의 죄악으로 말미암아 받게 될 심판에 대해서도 말해 줘요. 하나님은 다윗이 다른 사람의 아내를 빼앗은 것처럼 그도 아내를 빼앗길 것이고, 다윗은 은밀히 죄를 지었지만 그의 아내들은 대낮에 동침하게 되리라고 말씀하셨어요. 또한 다윗이 낳은 아들은 반드시 죽으리라고 말씀하셨어요.

Q3 다윗은 하나님이 내린 심판의 말씀을 듣고, 자신의 죄를 깨닫자 어떤 반응을 보였나요? (13, 16절)

즉시 죄를 회개함/ 하나님이 아이를 살려 주시지 않을까 하여 금식하며 밤새도록 땅에 엎드려 기도함

교사의 말 다윗은 하나님의 말씀을 듣고 그 자리에서 하나님께 자신의 죄를 고백하고 회개했어요. 또한 하나님이 자신의 아이를 살려 주시지 않을까 하는 마음에 금식하면서 밤새도록 용서를 구하는 기도를 했어요. 이런 모습이 하나님께 죄를 지은 자가 보여야 할 자세예요.

이 말씀을 가지고 함께 Value 질문을 이어서 볼게요.

Value

[모두 질문]

Q1 다윗의 이야기를 통해서 하나님이 전하고자 하신 말씀은 무엇일까요?

교사의 말 하나님은 다윗이 범죄한 이야기를 통해 회개의 필요성에 대해 말씀하고 계세요. 또한 하나님 앞에서 죄를 짓는 것이 얼마나 무서운 일인지도 알려 주고 계세요.

[서로 질문]

Q2 다윗이 죄에 넘어진 것처럼 나를 넘어지게 하는 죄에는 어떤 것이 있나요?

교사의 말 하나님의 마음에 합한 사람이었던 다윗도 하나님 앞에서 죄를 범하고 말았어요. 우리의 삶에도 연약한 우리를 넘어지게 만드는 죄들이 있을 거예요. 다윗처럼 죄를 범하게 되었을 때 어떻게 해야 할까요? 마지막 질문을 읽어 볼게요.

[개인 질문]

Q3 다윗과 같이 하나님 앞에 죄를 지었다면 숨기거나 모른 척하지 않고, 하나님께 고백하고 회개해야 해요. 하나님께 회개해야 할 나의 죄는 무엇인가요?

교사의 말 하나님은 절대로 범죄를 그냥 넘어가지 않으세요. 죄를 지었다면 하나님 앞에 회개해야 해요. 우리가 저지른 죄를 하나님께 고백하고 회개할 때, 하나님은 죄를 용서하시고 죄를 기억하지 않는다고 말씀하셨어요. 죄를 지었고 그것을 깨달았다면 즉시 하나님께 회개할 수 있는 우리 친구들이 되길 바라요.

우리의 은밀한 죄, 나를 넘어지게 했던 죄를 적고 그것에 대해 생각했다면 이제는 그 죄를 어떻게 할지 Encourage를 통해 실천해 보도록 할게요.

Encourage

하나님은 죄를 고백하고 뉘우칠 때 용서하시는 분이에요. 내가 하나님 앞에 지은 죄들을 숨기지 않고 고백해야 해요. 나의 죄를 회개하는 마음으로 회개와 결단의 기도문을 적어 보세요.

기도 Mission

예 하나님 앞에 정직하지 못하고, 거짓되었던 저의 죄를 고백합니다.
입술로 욕하고 친구들을 뒤에서 욕했던 저의 죄를 고백합니다.
음란한 마음을 품고 행동하였던 저의 죄를 고백합니다.
저의 죄를 용서해 주세요. 다시는 이 죄들에 넘어지지 않도록 도와주세요.
예수님의 이름으로 기도합니다. 아멘.

저의 죄를 용서해 주세요. 다시는 이 죄들에 넘어지지 않도록
도와주세요. 예수님의 이름으로 기도합니다. 아멘.

Encourage 인도 가이드

하나님은 죄를 고백할 때 모든 죄를 용서해 주세요. 하나님 앞에 지은 죄들을 고백할 수 있길 바라요. 교재에 나온 예시 기도문을 참고해 적도록 해요. (적는 시간을 준다.) 작성했다면 작성한 기도문을 가지고 한 주간 하나님 앞에서 이 죄에 넘어지지 않을 것을 결단하는 마음으로 회개하고 다짐하며 기도해 보세요. 한 주간 죄를 지었다면 그 죄를 고백하고, 다시 넘어지지 않는 친구들이 되길 바랄게요. 기도하고 7단원 1과 공과 공부를 마치도록 할게요.

기도 하나님, 우리의 연약한 죄를 고백했습니다. 우리의 죄를 용서하여 주시고, 한 주간 살아가면서 죄의 유혹에 넘어지지 않도록 도와주세요. 하나님이 기뻐하시는 자녀로 승리하며 살아가는 우리가 되도록 인도해 주세요. 감사합니다. 사랑이 많으신 예수님의 이름으로 기도합니다. 아멘.

	평가 내용	상	중	하
1	인도자용 교재의 내용을 충분히 숙지한 후, 공과 공부를 인도했다.			
2	학생들이 성경의 내용을 이해하고 정확하게 숙지했다.			
3	학생들이 배운 내용을 바탕으로 실제적인 행동을 실천하기로 다짐했다.			
4	학생들의 공과 공부 참여도가 좋았다.			

7단원 2과

압살롬의 반역

본문 **사무엘하 15장 1~12절**

암송 구절 "오직 주 예수 그리스도로 옷 입고 정욕을 위하여 육신의 일을 도모하지 말라"(로마서 13장 14절).

원 포인트 하나님의 뜻을 따라야 한다.

학습 목표
1. 압살롬의 이야기를 통해 하나님의 뜻을 따라야 함을 설명할 수 있다. (인지적 학습 목표)
2. 자신의 뜻이 아니라 하나님을 따르기로 결단한다. (감성적 학습 목표)
3. 자신의 뜻이 아니라 하나님의 뜻대로 살기를 실천한다. (행동적 학습 목표)

교사 수첩

본문 묵상	기도	큐티	가정예배	심방

본문 묵상 노트	
본문 묵상	

심방 노트	
심방 내용 (기도 제목)	

본문 배경

압살롬은 병거와 말들을 준비하고, 호위병들에게 둘러싸여 다녔습니다. 자신이 차기 왕으로 보이도록 교묘한 계획을 세운 것입니다. 그뿐만 아니라 압살롬은 매일 아침 성문 길 곁에 서 있었습니다. 재판을 청하러 온 사람들을 만나고 그들의 불만을 자극하며 자신이 재판관으로 임명되어야 함을 주장하고 자신의 편에 서도록 했습니다. 그렇게 압살롬은 온 이스라엘 백성의 마음을 사로잡았습니다. 압살롬은 다윗을 찾아가 예배를 드리러 헤브론에 다녀오겠다고 말합니다. 헤브론은 다윗을 왕으로 추대한 도시였고, 이스라엘의 성읍들 가운데 다윗에 대한 지지도가 가장 높다고 생각되는 도시였기에 그곳에서 반역을 일으키고자 합니다. 압살롬은 준비한 계획에 따라 민첩하게 행동합니다. 200명을 초대해 압살롬이 헤브론에서 왕이 되었다고 선포하게 합니다. 압살롬의 음모를 알지 못한 이들은 난처했지만 공개적으로 압살롬을 거역하면 생명이 위험했기에 반역의 공범이 되었습니다. 많은 사람이 압살롬을 왕으로 추대하는 모습을 보면서 그를 따르는 세력이 빠르게 확장되었습니다. 하나님이 왕을 세우셨음에도 압살롬은 자기 뜻대로 행하며 왕의 자리에 오르기 위해 일을 꾸몄습니다. 이는 다윗 왕에게 반역하는 것을 넘어서 하나님께 반역하는 행위입니다. 하나님의 백성은 자신의 뜻이 아니라 하나님의 뜻을 따르며 살아가는 사람임을 배우게 됩니다.

친구들, 한 주간 잘 지냈나요? 오늘도 친구들과 함께 삶과 말씀을 나눌 수 있어 참 감사해요. 오늘은 7단원 2과를 함께 공부할 거예요. 2과 제목을 같이 읽어 볼까요? (공과 제목을 함께 읽는다.) 잘 읽어 주었어요. 오늘 배울 원 포인트도 함께 읽어 볼게요. (원 포인트를 함께 읽는다.) 잘 읽어 주었어요. 이제 설교 시간에 들은 말씀을 기억하며 Welcome 활동을 시작해 볼게요.

단어 설명

서원(7절) 보다 선하고 훌륭하게 살겠다고 하나님께 약속하는 행위예요.

모사(12절) 꾀를 내어 일이 잘 이루어지게 하는 사람으로, 아히도벨은 다윗의 모사로서 다윗이 왕이 되는 데 큰 도움을 준 사람이에요.

Welcome

“욕심은 위험해!”

내 마음대로 욕심을 부려서 어려운 일을 겪었거나 난처했던 적이 있나요? 그 경험을 친구들과 나눠 보세요.

Welcome 인도 가이드

친구들, 내 마음대로 욕심을 부려서 어려운 일을 겪었거나 난처한 경험을 한 적이 있다면 그때 일을 떠올리며 적어 볼게요. (적는 시간을 준다.) 자신이 경험한 일을 친구들과 나눠 주세요. (자유롭게 이야기를 나눈다.) 잘했어요. 내 마음대로 욕심을 부리면 많은 것을 얻게 되어 행복할 것 같죠. 그러나 욕심은 결국 나를 아프게 하거나 힘들게 만들어요.

하나님이 자기 마음대로 욕심을 내는 인물을 어떻게 보시는지 Adventure를 통해 살펴보도록 할게요.

Adventure

Adventure 인도 가이드

설교 시간에 들은 말씀을 떠올리며 다음 질문에 답하는 시간을 가질게요. 첫 번째 질문에 대한 답을 적어 볼게요. (적는 시간을 준다.) 다 적었나요?

Q1 압살롬은 자신의 세력을 키우기 위해 성문 앞에 서서 무엇을 했나요? (2~6절)

성문 앞에 서서 스스로 재판관이 되어 억울한 일을 당한 백성의 문제를 해결해 주길 원한다고 말하면서 이스라엘 사람들의 마음을 사로잡음

교사의 말 압살롬은 아침 일찍부터 성문 앞에 서 있었어요. 그리고 왕에게 재판을 청하러 온 억울한 백성에게 왕은 백성의 억울함을 풀어 주지 못하지만 자신이 재판관이 되면 공정하게 행할 수 있다고 말하면서 민심을 얻기 위해 노력해요. 결국 압살롬은 이스라엘 백성의 마음을 사로잡게 돼요.

Q2 압살롬은 아버지 다윗의 왕위를 빼앗기 위해 어떤 계략을 꾸몄나요? (10~11절)

다윗에 대한 지지가 가장 높은 헤브론에서 그가 왕이 되었다고 선포하도록 계략을 꾸밈

교사의 말 압살롬은 다윗에게 헤브론에 가서 하나님을 예배하겠다고 말한 뒤 헤브론으로 향해요. 헤브론은 다윗이 왕으로 세워졌던 곳으로, 다윗을 지지하는 사람이 많은 곳이었어요. 압살롬은 헤브론에서 자신이 왕이 되었다고 모든 지파에게 전하도록 계략을 꾸몄어요.

Q3 다윗에 대한 반역을 꾸민 압살롬은 어떤 결과를 얻게 되었나요? (12절)

다윗의 신하 아히도벨을 비롯해 많은 사람이 압살롬을 따르기 시작함

교사의 말 다윗의 충직한 신하였던 아히도벨이 압살롬을 따르기 시작했어요. 그뿐만 아니라 이스라엘의 많은 사람이 압살롬을 돕기 시작했어요. 모든 일이 압살롬의 계획대로 진행되어 갔어요.

이 말씀을 가지고 Value 질문을 이어서 할게요.

Value

[모두 질문]

Q1 압살롬이 반역한 이유는 무엇일까요?

교사의 말 압살롬은 아버지 다윗을 대신해 자신이 왕이 되고자 했어요. 그래서 아버지가 왕이 되었던 헤브론에서 자신도 인정받아 왕이 된 것처럼 꾸몄어요. 그는 마음속의 야망에 따라 자기 마음대로 행동하는 사람이었어요.

[서로 질문]

Q2 압살롬은 왕이 되고 싶어서 자기 마음대로 계획을 세우고 행동했어요. 하나님은 압살롬의 행동을 어떻게 바라보셨을까요?

교사의 말 하나님은 우리가 내 뜻대로 행동하기보다 하나님의 뜻을 따라 행동하길 원하세요. 압살롬은 자기 욕망을 따라 하나님이 세운 왕을 몰아내고 자신이 왕이 되려고 했어요. 하나님은 그분의 뜻을 저버리는 행동을 기뻐하지 않으세요.

[개인 질문]

Q3 내가 하고 싶은 일이 하나님의 뜻과 맞지 않을 때, 나는 어떤 선택을 하나요?

교사의 말 내 마음대로 하고 싶은 일이 하나님의 뜻과 맞지 않을 때, 하나님의 백성은 하나님의 뜻을 우선시 하는 선택을 해야 해요. 하나님의 뜻을 선택하는 일이 쉽지 않겠지만 그분의 뜻을 따라갈 때 하나님의 백성은 형통할 수 있어요.

내 뜻이 아니라 하나님의 뜻을 선택하기 위해 어떻게 하면 하나님의 뜻을 알 수 있을지 Encourage 활동을 통해 살펴보도록 할게요.

Encourage

나의 뜻이 아니라 하나님의 뜻을 따라 살아야 해요. 이를 위해서는 하나님의 뜻을 알아야 해요. 다음 표에 말씀 읽기 계획을 세우고, 한 주간 시편 말씀을 세 장씩 읽기로 해요.

말씀 읽기 Mission

예 언제? 아침에 일어나서
어디서? 내 방 책상에서
어떻게? 소리 내어 읽기 / 필사하며 읽기 / QT 하기

언제?	
어디서?	
어떻게?	

Encourage 인도 가이드

우리는 내 뜻보다 하나님의 뜻을 따라 살아가야 해요. 그러려면 먼저 하나님의 뜻을 알아야 해요. 하나님의 뜻은 그분의 말씀을 통해 알 수 있어요. 먼저 말씀 읽기 계획을 세우도록 할게요. 말씀을 언제, 어디서, 어떻게 읽을지 다음에 나온 예시를 참고해 적어 주세요. (적는 시간을 준다.) 한 주간 계획한 대로 시편 말씀을 세 장씩 읽도록

할게요. 매일 말씀을 세 장씩 읽으면서 말씀에 순종하며 살아가는 한 주가 되길 바라요. 기도하고 7단원 2과 공과 공부를 마치도록 할게요.

기도 하나님, 하나님의 뜻을 나의 뜻보다 중요하게 생각할 수 있게 해 주세요. 한 주간 하나님의 말씀을 통해 하나님의 뜻을 알아가고 그 뜻을 따라 살아가게 해 주세요. 한 주간 내가 원하는 것을 좇아 살기보다 하나님이 원하시는 뜻을 따라 살 수 있길 소망합니다. 감사합니다. 사랑이 많으신 예수님의 이름으로 기도합니다. 아멘.

	평가 내용	상	중	하
1	인도자용 교재의 내용을 충분히 숙지한 후, 공과 공부를 인도했다.			
2	학생들이 성경의 내용을 이해하고 정확하게 숙지했다.			
3	학생들이 배운 내용을 바탕으로 실제적인 행동을 실천하기로 다짐했다.			
4	학생들의 공과 공부 참여도가 좋았다.			

7단원 3과

하나님의 뜻대로

본문 **사무엘하 16장 1~14절**

암송 구절 "주는 나의 하나님이시니 나를 가르쳐 주의 뜻을 행하게 하소서 주의 영은 선하시니 나를 공평한 땅에 인도하소서"(시편 143편 10절).

원 포인트 하나님의 뜻을 구해야 한다.

학습 목표
1. 다윗의 행동을 통해 하나님의 뜻대로 행동해야 함을 설명할 수 있다. (인지적 학습 목표)
2. 여러 상황과 감정 가운데서도 하나님의 뜻대로 살기로 결단한다. (감성적 학습 목표)
3. 여러 상황과 감정 가운데서도 하나님의 뜻대로 살기를 실천한다. (행동적 학습 목표)

교사 수첩

본문 묵상	기도	큐티	가정예배	심방

본문 묵상 노트	
본문 묵상	

심방 노트	
심방 내용 (기도 제목)	

본문 배경

다윗은 압살롬을 피해 도피하던 도중 시바를 만났습니다. 시바는 사울 집안의 종으로, 다윗이 므비보셋에게 준 땅을 관리하도록 한 사람이었습니다. 시바는 떡 200개와 건포도 100송이와 여름 과일 100개와 포도주 한 가죽 부대를 준비하여 다윗을 맞이합니다. 이는 다윗을 향한 충성심을 드러내고자 한 시바의 계략이었습니다. 다윗에게 자신이 원하는 것을 얻어 내고자 찾아온 것입니다. 다윗은 시바에게 무슨 뜻으로 큰 선물을 가져왔느냐고 묻습니다. 그리고 므비보셋의 안부를 묻습니다. 이에 시바는 므비보셋이 예루살렘에 남아 정권을 탈취할 계획을 가졌다고 거짓말했습니다. 순간적으로 감정을 참지 못한 다윗은 시바의 말을 그대로 믿고, 므비보셋의 땅을 시바에게 넘겨주었습니다. 다윗이 감정에 따라 성급한 결정을 내린 것입니다. 이후 다윗은 바후림에 이르러 시므이를 만났습니다. 시므이는 처세술에 능한 사람으로, 사울의 친족이었습니다. 시므이는 다윗과 그를 따르는 신하들을 향해 돌을 던지며 저주의 말을 쏟아 냈습니다. 이를 듣고 있던 아비새는 시므이를 죽이도록 허락해 달라고 말했습니다. 그러자 다윗은 아비새에게 이성을 되찾으라고 하면서 겸손한 마음으로 하나님을 바라보았고, 하나님의 뜻을 찾았습니다. 누군가가 속이거나 감정을 상하게 하는 상황 등 그 어떤 상황일지라도 우리는 하나님의 뜻을 구해야 함을 배우게 됩니다.

친구들, 한 주간 잘 지냈나요? 오늘도 친구들과 함께 삶과 말씀을 나눌 수 있어 참 감사해요. 오늘은 7단원 3과를 함께 공부할 거예요. 3과 제목을 같이 읽어 볼까요? (공과 제목을 함께 읽는다.) 잘 읽어 주었어요. 오늘 배울 원 포인트도 함께 읽어 볼게요. (원 포인트를 함께 읽는다.) 잘 읽어 주었어요. 이제 설교 시간에 들은 말씀을 기억하며 Welcome 활동을 시작해 볼게요.

Welcome

“이럴 때 어떡해?”

겉으로는 잘해 주는 척하다가 뒤에서 몰래 나의 뒷담화를 하는 친구가 만난다면 어떻게 대할지 친구들과 나눠 보세요.

Welcome 인도 가이드

친구들, 겉으로 잘해 주는 척하지만 몰래 내 뒷담화를 하는 친구를 만난다면 어떻게 대할지 생각한 뒤 적어 보세요. (적는 시간을 준다.) 적은 내용을 친구들과 나눠 주세요. (자유롭게 이야기를 나눈다.) 잘했어요. 앞에서는 잘해 주는 척하지만 뒤에서 욕하고 다니는 친구를 알게 된다면 큰 배신감을 느낄 수도 있어요. 몹시 화가 나서 친구에게 따질 수도 있을 거예요. 이렇게 누군가가 나를 함부로 판단해서 욕하거나 나쁜 이야기를 하면 마음이 좋지 않아요.

그렇다면 나를 함부로 판단하고 말하는 사람 때문에 감정적으로 힘든 상황 속에서 어떻게 반응해야 할지 Adventure를 통해 살펴보도록 할게요.

Adventure

Adventure 인도 가이드

설교 시간에 들은 말씀을 떠올리며 다음 질문에 답하는 시간을 갖도록 해요. 첫 번째 질문에 대한 답을 적어 볼게요. (적는 시간을 준다.) 다 적었나요?

Q1 다윗은 압살롬을 피해 도피하던 중 어떤 사람들을 만났나요? (1, 5절)

므비보셋의 종 시바와 사울의 친족인 게라의 아들 시므이를 만남

교사의 말 다윗은 아들 압살롬을 피해 도피하던 도중 므비보셋의 종 시바와 사울의 친족인 게라의 아들 시므이를 만나게 돼요. 시바는 곤경에 처한 다윗을 이용해 자신의 이익을 취하고, 시므이는 가문의 원수인 다윗을 향해 저주의 말을 쏟아내요.

Q2 시바의 환대와 거짓말에 다윗은 어떤 반응을 보이나요? (3~4절)

시바의 주인 므비보셋의 모든 재산을 시바에게 넘겨줌

교사의 말 므비보셋의 종 시바는 압살롬에게 쫓기던 다윗을 대접하며 환대해요. 다윗은 시바에게 므비보셋의 행방을 물었고, 시바는 므비보셋이 다윗을 배신했다고 거짓말을 해요. 다윗은 순간적인 감정에 휘둘려 므비보셋의 재산을 시바에게 넘겨주는 어리석은 결정을 내려요.

Q3 다윗은 자신을 향해 저주를 퍼부었던 시므이에게 어떤 반응을 보이나요? (10~11절)

시므이를 죽이겠다는 아비새를 말리고, 하나님이 허락하신 일이니 저주하도록 내버려 둠

교사의 말 사울의 친족인 시므이는 다윗의 원수였어요. 시므이는 다윗과 그를 따르는 신하들을 향해 돌을 던지며 저주해요. 아비새가 그런 시므이를 죽이고자 하지만 다윗은 이를 말려요. 다윗은 감정에 휘둘리지 않은 채 모든 일이 하나님이 하신 일이라 여기고 하나님의 뜻에 따라 행동해요.

이 말씀을 가지고 Value 질문을 이어서 할게요.

Value

[모두 질문]

Q1 아들 압살롬을 피해 도피 중이던 다윗은 시바와 시므이를 만났을 때 어떤 마음이었을까요?

교사의 말 음식을 들고 나타난 시바를 만났을 때 다윗은 고맙고 기쁜 마음이었을 거예요. 그러나 시므이를 만나 저주의 말을 들었을 때는 자신이 처한 상황과 하나님이 자신에게 이 같은 일을 행하시는 이유를 돌이켜 보았을 거예요.

[서로 질문]

Q2 다윗과 같이 아들을 피해 도망치는 도중에 남에게 속임을 당하고, 욕을 먹어 마음이 상하는 상황에 처하게 된다면 어떻게 행동할 것 같나요?

교사의 말 나의 능력으로 해결할 수 없는 일을 만나게 되면 다양한 마음이 생겨요. 두렵기도 하고, 걱정도 되고, 때론 좌절감을 느끼기도 해요. 또한 문제를 해결해 줄 수 있는 누군가의 도움을 구하기도 해요.

[개인 질문]

Q3 하나님은 우리가 하나님의 뜻을 구하기를 원하세요. 하나님의 자녀는 자신의 생각과 마음에 따라 움직이는 것이 아니라 하나님의 뜻을 구해야 해요. 속임을 당하거나 마음이 상하는 일을 겪었을 때, 이외의 수많은 상황 가운데서 하나님의 자녀는 어떤 모습이어야 할까요?

교사의 말 하나님의 자녀는 기쁠 때나 슬플 때나 그 어떤 상황 가운데서도 하나님의 뜻을 구해야 해요. 하나님의 뜻을 구해 하나님이 원하시는 대로 살아야 해요.

모든 상황 가운데서 어떻게 하나님의 뜻을 구해야 할지 Encourage 활동을 통해 살펴보도록 해요.

Encourage

하나님의 자녀는 매 순간 하나님의 뜻을 구해야 해요. 하나님께 뜻을 구해야 하는 상황을 세 가지 적고, 한 주간 이와 같은 상황을 만날 때마다 다음 기도문을 따라 기도해 보세요.

기도 Mission

상황1	
싱황2	
상황3	

예시 기도문

"하나님, (   ) 나에게 일어났습니다. 하나님의 뜻이 무엇인지 알려 주세요. 이 상황 속에서 하나님이 원하시는 대로 행동할 수 있도록 도와주세요. 예수님 이름으로 기도합니다. 아멘."

Encourage 인도 가이드

하나님의 자녀는 매 순간 하나님의 뜻을 구해야 해요. 하나님께 뜻을 구해야 할 상황을 세 가지 이상 생각해 본 뒤 적어 볼게요. (적는 시간을 준다.) 다 적었다면 한 주간 이와 같은 상황을 만날 때마다 다음 기도문을 참고해 기도하기로 해요. 하나님의 자녀로 매 순간 하나님의 뜻을 구하는 친구들이 되길 소망해요. 기도하고 7단원 3과 공과 공부를 마치도록 할게요.

기도

하나님, 감사합니다. 하나님의 자녀로서 기쁠 때나 슬플 때나 매 순간 우리 친구들이 하나님의 뜻을 구하며 나아가도록 해 주세요. 성령님, 한 주간 만나는 모든 상황 가운데 하나님께 기도하도록 깨달음을 주세요. 하나님의 뜻을 구하며 살아가는 형통한 한 주가 되게 해 주세요. 감사합니다. 사랑이 많으신 예수님의 이름으로 기도합니다. 아멘.

	평가 내용	상	중	하
1	인도자용 교재의 내용을 충분히 숙지한 후, 공과 공부를 인도했다.			
2	학생들이 성경의 내용을 이해하고 정확하게 숙지했다.			
3	학생들이 배운 내용을 바탕으로 실제적인 행동을 실천하기로 다짐했다.			
4	학생들의 공과 공부 참여도가 좋았다.			

7단원 4과

압살롬의 최후

본문 **사무엘하 18장 1~15절**

암송 구절 "누구든지 자기를 높이는 자는 낮아지고 누구든지 자기를 낮추는 자는 높아지리라"(마태복음 23장 12절).

원 포인트 하나님은 자신을 높이는 자를 낮추신다.

학습 목표
1. 자신을 높여 최후를 맞이한 압살롬의 이야기를 설명할 수 있다. (인지적 학습 목표)
2. 자신을 낮추고 하나님의 뜻을 따라 살기로 결단한다. (감성적 학습 목표)
3. 자신을 낮추고 하나님의 뜻을 따라 살기를 실천한다. (행동적 학습 목표)

교사 수첩

본문 묵상	기도	큐티	가정예배	심방

본문 묵상 노트	
본문 묵상	

심방 노트	
심방 내용 (기도 제목)	

본문 배경

다윗은 자신의 군대를 요압, 아비새, 잇대에게 맡겨 지휘하도록 했습니다. 그리고 다윗 자신도 전쟁에 나갈 것을 선언했습니다. 고대 근동에서는 왕이 군대를 지휘하며 직접 전쟁터에 나가는 것을 당연하게 생각했지만 군사들은 다윗이 전쟁터에 모습을 드러내선 안 된다고 여겼습니다. 다윗의 군대가 압살롬의 군대에 비해 수적으로 훨씬 불리해서 다윗이 전쟁에 나가는 것은 패배를 자청하는 행위라고 생각했기 때문입니다. 군사들은 군사 1만 명의 목숨보다 다윗의 목숨이 더 귀하다고 여겨 다윗에게 참전하지 말 것을 호소했고, 이에 설득당한 다윗은 군사들의 뜻을 따랐습니다. 다윗은 출전하는 요압과 아비새, 잇대에게 압살롬을 너그럽게 대해 달라고 당부했습니다. 에브라임 수풀에서 치열한 싸움이 시작되었고, 이 전쟁은 압살롬의 패배로 끝났습니다. 압살롬의 군사들 가운데 수풀에서 죽은 자가 칼에 죽은 자보다 더 많았는데, 이는 하나님이 압살롬의 군대를 치셨음을 보여 줍니다. 압살롬은 노새를 타고 도망치다가 자신이 자랑하던 머리카락이 나무에 걸렸고, 노새가 그대로 달려가는 바람에 허공에 매달리게 되었습니다. 압살롬의 상황을 전해 들은 요압은 그곳으로 찾아가 가차 없이 창으로 그를 찔러 죽였습니다. 하나님은 하나님의 뜻을 거스르고 자기 뜻에 따라 스스로 높이고자 한 압살롬을 낮추고 심판하셨습니다. 하나님은 반드시 하나님보다 자신을 높이는 자를 낮추시는 분입니다. 우리는 하나님 앞에서 항상 낮은 자의 모습으로 살아야 함을 배우게 됩니다.

친구들, 한 주간 잘 지냈나요? 오늘도 친구들과 함께 삶과 말씀을 나눌 수 있어 참 감사해요. 오늘은 7단원 4과를 함께 공부할 거예요. 4과 제목을 같이 읽어 볼까요? (공과 제목을 함께 읽는다.) 잘 읽어 주었어요. 오늘 배울 윈 포인트도 함께 읽어 볼게요. (윈 포인트를 함께 읽는다.) 잘 읽어 주었어요. 이제 설교 시간에 들은 말씀을 기억하며 Welcome 활동을 시작해 볼게요.

Welcome

교만은 패망의 선봉

스스로 잘한다고 교만하게 굴다가 좋지 못한 결과를 경험한 적이 있나요? 그 경험을 친구들과 나눠 보세요.

Welcome 인도 가이드

친구들, 혹시 스스로 잘한다고 교만하게 굴다가 좋지 못한 결과를 경험한 적이 있다면 적어 보세요. (적는 시간을 준다.)
교만하게 굴다가 좋지 못한 결과를 낳았던 경험을 친구들과 나눠 볼게요. (자유롭게 이야기를 나눈다.) 잘 나눠 줘서 고마워요. 나눴던 경험을 통해 스스로 잘한다고 교만하게 굴면 안 된다는 걸 깨달았을 거예요.

오늘 말씀에도 자신을 높이고 교만하게 굴다가 좋지 못한 결과를 얻은 인물이 등장해요. 하나님이 어떤 결과를 주시는지 Adventure를 통해 살펴보도록 할게요.

Adventure

Adventure 인도 가이드

설교 시간에 들은 말씀을 떠올리며 다음 질문에 답하는 시간을 갖도록 해요. 첫 번째 질문에 대한 답을 적어 볼게요. (적는 시간을 준다.) 다 적었나요?

Q1 다윗은 자신의 신하인 요압과 아비새, 잇대에게 어떤 명령을 내리나요? (5절)

젊은 압살롬을 너그러이 대우해 달라고 부탁함

교사의 말 압살롬은 아버지 다윗과의 전쟁을 준비해요. 다윗도 이를 대비하기 위해 자신의 신하들을 준비시켜요. 다윗은 특별히 군대 지휘관인 요압과 아비새, 잇대가 젊은 압살롬을 만나게 되면 너그러이 대해 주길 부탁해요.

Q2 다윗의 군대와 전쟁을 벌인 압살롬의 군대는 어떤 결과를 맞이하나요? (6~7절)

에브라임 수풀에서 다윗의 군대에 패하여 전사자가 2만 명에 이름

교사의 말 압살롬을 따른 이스라엘 백성이 다윗의 군대와 전쟁을 벌이게 돼요. 에브라임 수풀에서 싸우던 그들은 다윗의 군대에 패하게 되는데, 말씀을 보면 이스라엘 백성 가운데 칼에 죽은 자보다 수풀에서 죽은 자가 많았다고 해요. 이는 하나님이 다윗의 군대를 도우셨음을 보여 줘요.

Q3 하나님의 뜻이 아닌 자신의 뜻대로 스스로를 높였던 압살롬은 어떤 결과를 맞이하나요? (10, 14~15절)

압살롬의 머리가 상수리나무의 가지에 걸려 요압의 손에 죽임을 당함

교사의 말 자신의 뜻대로 왕이 되고자 스스로를 높였던 압살롬은 안타까운 최후를 맞이해요. 압살롬의 군대는 다윗의 군대에 대패했고, 압살롬은 그의 자랑이었던 머리카락이 나뭇가지에 걸려 요압의 손에 죽음을 맞이해요.

이 말씀을 가지고 Value 질문을 이어서 할게요.

Value

[모두 질문]

Q1 자신의 뜻대로 스스로를 높인 압살롬의 최후를 볼 때 어떤 생각이 들었나요?

교사의 말 하나님의 뜻이 아닌 자기 마음대로 왕이 되고자 하는 사람에게 안타까운 최후를 보여 주신 하나님을 보며 두려운 마음도 들 수 있고, 나는 그렇게 하지 말아야겠다는 생각을 할 수 있어요. 하나님은 교만한 사람을 기뻐하지 않으시고, 하나님의 뜻대로 행하는 겸손한 사람을 기뻐하세요.

[서로 질문]

Q2 하나님의 뜻보다 나를 높이고 자랑할 수 있는 자리가 생긴다면 어떻게 행동할 것 같나요?

교사의 말 내가 높아지고 유명해지고 자랑할 수 있는 상황과 환경이 주어지면 기회라고 생각할 수 있어요. 그 자리를 얻기 위해 더 노력할 수도 있어요. 그러나 하나님은 분명 내 뜻대로 스스로를 높이려고 할 때 우리를 낮추실 거예요.

[개인 질문]

Q3 하나님은 자신의 뜻대로 스스로를 높이는 자를 낮추세요. 하나님은 자신을 낮추고 하나님의 뜻을 따르는 자를 기뻐하세요. 하나님 앞에서 교만한 나의 모습은 어떤 모습인가요?

교사의 말 하나님 앞에서 교만했던 모습을 회개하고 돌이켜 자신을 낮추고 하나님의 뜻을 따르며 살아가길 바라요.

하나님의 뜻을 따라 낮은 자의 모습으로 살려면 어떻게 해야 하는지 Encourage를 통해 살펴보도록 해요.

Encourage

하나님은 자신을 낮추는 자를 기뻐하세요. 하나님의 자녀로서 자신을 높이지 않고, 낮은 자의 모습으로 남을 섬기기 위한 계획을 세워 보고 세 명 이상에게 실천해 보세요.

섬김 Mission

예

누구에게?	반 짝꿍에게
언제?	학교 쉬는 시간에
어디서?	학교 교실에서
무엇을?	초콜릿 간식을 사서
어떻게?	응원 쪽지와 함께 전달한다.

섬김 계획서	
누구에게?	
언제?	
어디서?	
무엇을?	
어떻게?	

섬김 계획서	
누구에게?	
언제?	
어디서?	
무엇을?	
어떻게?	

섬김 계획서	
누구에게	
언제?	
어디서?	
무엇을?	
어떻게?	

Encourage 인도 가이드

하나님의 자녀로서 낮은 자의 모습으로 남을 섬기기 위한 구체적인 계획을 세우고 실천해 보도록 해요. 다음 예시를 참고해 적어 볼게요. (적는 시간을 준다.) 다 적었다면 섬김 계획서에 따라 한 주간 세 명의 친구를 낮은 마음으로 섬기는 행동을 실천해 보세요. 하나님의 자녀로서 자신을 낮추며 남을 섬기는 친구들이 되길 바라요. 기도하고 7단원 4과 공과 공부를 마치도록 할게요.

기도 하나님, 감사합니다. 스스로를 높이고 자랑하는 사람이 되지 않게 해 주세요. 자신을 높이는 자를 낮추시는 하나님의 뜻대로 겸손하게 낮은 자의 모습으로 살게 해 주세요. 한 주간 낮은 자의 모습으로 주변을 섬기려고 할 때, 예수님이 행하신 섬김의 모습으로 겸손하게 섬길 수 있도록 도와주세요. 감사합니다. 사랑이 많으신 예수님의 이름으로 기도합니다. 아멘.

	평가 내용	상	중	하
1	인도자용 교재의 내용을 충분히 숙지한 후, 공과 공부를 인도했다.			
2	학생들이 성경의 내용을 이해하고 정확하게 숙지했다.			
3	학생들이 배운 내용을 바탕으로 실제적인 행동을 실천하기로 다짐했다.			
4	학생들의 공과 공부 참여도가 좋았다.			

7단원 5과

다윗의 노래

본문 **사무엘하 22장 1~7절**

암송 구절 "내가 주를 의뢰하고 적진으로 달리며 내 하나님을 의지하고 성벽을 뛰어 넘나이다"(사무엘하 22장 30절).

원 포인트 하나님은 승리를 주시는 분이다.

학습 목표
1. 하나님은 승리를 주시는 분임을 다윗의 노래로 설명할 수 있다. (인지적 학습 목표)
2. 하나님은 구원과 승리를 주시는 분임을 믿기로 결단한다. (감성적 학습 목표)
3. 하나님은 승리를 주시는 분임을 믿고 살기를 실천한다. (행동적 학습 목표)

교사 수첩

본문 묵상	기도	큐티	가정예배	심방
본문 묵상 노트				
본문 묵상				
심방 노트				
심방 내용 (기도 제목)				

본문 배경

다윗이 죽기 전 자신의 삶을 돌아보며 그동안 자신과 함께하신 하나님의 은혜에 감사하며 드리는 승전가입니다. 하나님은 보호하고 도우시는 분임을 고백하며 노래를 시작합니다. 특히 사울의 손에서 구원하신 날을 기억하며 찬양합니다. 다윗은 하나님이 '나'라는 개인에게 구원을 베풀어 주신 것을 찬양하며 '나' '내가' 등 일인칭 단수를 반복해 사용함으로써 하나님이 인격적으로 자신의 문제에 직접 개입하시는 분임을 나타냅니다. 다윗은 다양한 이름으로 하나님을 고백합니다. 그가 하나님을 부르며 사용한 표현은 크게 두 가지로 나뉩니다. 첫 번째는 전투와 연관되어 '건지시는 자, 방패, 구원의 뿔'이라는 표현으로, 다윗이 군대를 이끌고 싸울 때 친근하게 느꼈던 것들입니다. 두 번째는 쉽게 침범할 수 없는 지형적인 것에 대한 표현으로, '반석, 요새, 망대'가 있습니다. 이 표현들은 사울을 피해 방황하던 광야 시절부터 익숙해진 것입니다. 다윗이 '하나님의 마음에 맞는 사람'이라는 호칭을 얻게 된 것은 하나님과의 관계가 가까웠기 때문입니다. 다윗은 자신이 곤경에 처할 때마다 하나님이 자신의 삶에 직접 관여하시는 분임을 고백하고 높였습니다. 사망의 물결이 에워싸고 불의의 창수가 두렵게 할 때, 스올의 줄이 두르고 사망의 올무가 이르렀을 때 다윗은 하나님을 향해 도움을 청했습니다. 그리고 하나님은 그의 부르짖음을 들으셨습니다. 우리가 하나님의 이름을 부르짖을 때 우리를 구원하시고 승리하게 하시는 하나님을 경험하게 된다는 것을 배우게 됩니다.

친구들, 한 주간 잘 지냈나요? 오늘도 친구들과 함께 삶과 말씀을 나눌 수 있어 참 감사해요. 오늘은 7단원 5과를 함께 공부할 거예요. 5과 제목을 같이 읽어 볼까요? (공과 제목을 함께 읽는다.) 잘 읽어 주었어요. 오늘 배울 원 포인트도 함께 읽어 볼게요. (원 포인트를 함께 읽는다.) 잘 읽어 주었어요. 이제 설교 시간에 들은 말씀을 기억하며 Welcome 활동을 시작해 볼게요.

단어 설명	
망대(3절)	적이나 주위의 동정을 살피기 위하여 높이 세운 곳을 말해요.
창수(5절)	강이나 하천 등이 불어서 넘치는 물을 뜻해요.

Welcome

나의 마지막 말

나이가 들어 죽음을 앞두고 마지막 말을 남기게 된다면, 어떤 말을 하고 싶은지 친구들과 나눠 보세요.

Welcome 인도 가이드

나이가 많이 들어 죽음을 앞두게 되었을 때 마지막 말을 남게 된다면 어떤 말을 하고 싶은지 생각한 뒤 적어 볼게요. (적는 시간을 준다.) 적은 내용을 친구들과 나눠 볼게요. (자유롭게 이야기를 나눈다.) 함께 이야기를 나눠 준 친구들에게 격려의 박수를 보내 볼까요.

오늘 말씀에 인생을 마무리하면서 아름다운 말을 남긴 인물이 등장해요. 누가 어떤 말을 남겼는지 Adventure를 통해 자세히 살펴보도록 할게요.

Adventure

Adventure 인도 가이드

설교 시간에 들은 말씀을 떠올리며 다음 질문에 답하는 시간을 갖도록 해요. 첫 번째 질문에 대한 답을 적어 볼게요. (적는 시간을 준다.) 다 적었나요?

Q1 다윗은 모든 원수와 사울의 손에서 구원을 얻은 날에 무엇을 했나요? (1절)

여호와께 노래함

교사의 말 다윗은 모든 원수와 사울의 손에서 구원을 얻은 날, 인생이 마무리되고 평화와 안식을 누리던 그때 하나님을 찾고 노래해요. 다윗은 하나님이 일생 자신을 도우셨으며, 자신과 함께하셨음에 감사하면서 승리의 노래를 불러요.

Q2 다윗이 하나님께 올려 드린 노래의 내용은 무엇인가요? (2~3절)

하나님을 자신의 반석, 방패, 구원의 뿔, 피난처, 구원자 등으로 고백하면서 하나님이

모든 상황 가운데서 도움을 주시며 피할 분이라고 고백함

교사의 말 다윗은 수많은 비유를 통해 자신이 삶 가운데서 경험한 하나님이 구원자이심을 찬양하고 있어요. 하나님이 원수의 손에서 건져 주셨다고 승리의 노래를 부르고 있어요.

Q3 다윗이 고난 중에 하나님께 부르짖을 때 하나님은 무엇을 해 주셨나요? (3~4절)

다윗을 폭력과 원수들에게서 구원해 주셨음

교사의 말 다윗이 고통 가운데서 부르짖을 때, 하나님은 다윗의 부르짖음을 들으셨어요. 그리고 다윗의 부르짖음대로 다윗을 폭력과 원수들에게서 구원해 주셨어요.

이 말씀을 가지고 Value 질문을 이어서 할게요.

Value

[모두 질문]

Q1 다윗은 인생을 마무리하는 시점에서, 하나님께 어떤 마음으로 노래를 올려 드렸을까요?

교사의 말 다윗의 인생은 매 순간 위험했고, 죽음의 위협이 도사리고 있었어요. 하지만 매 순간 하나님이 다윗을 구원하셨어요. 다윗은 인생을 마무리하면서 하나님께 감사하고, 하나님을 높여 드리고 싶은 마음이 깄을 거예요.

[서로 질문]

Q2 지금까지 나의 삶을 인도하신 하나님께 어떤 마음을 고백하고 싶나요?

교사의 말 하나님은 우리가 세상에 태어나기 전부터 지금까지 우리의 삶을 인도하고 계세요. 지금 이 순간에도 말이에요. 이 사실을 늘 기억하면서 하나님께 감사의 마음을 고백하는 친구들이 되었으면 좋겠어요.

[개인 질문]

Q3 **하나님은 구원을 베푸시고 승리를 주시는 분이에요. 하나님을 향해 부르짖으며 도움을 구할 때 나의 삶에 어떤 변화가 일어날까요?**

교사의 말 하나님을 향해 부르짖는다는 건 "하나님, 도와주세요"라고 도움을 구하는 행동이에요. 그렇게 하나님께 도움을 구할 때 하나님은 다윗의 삶에 구원을 베푸시고 승리를 주셨던 것처럼 우리 삶에도 승리를 주실 거예요.

승리를 주시는 하나님께 어떤 찬양을 올려 드릴지 Encourage 활동을 통해 살펴보도록 해요.

Encourage

하나님은 구원을 베푸시고 승리를 주시는 분이에요. 하나님이 내 삶의 구원자가 되심을 믿고, 다윗과 같이 믿음의 찬양을 불러 보세요.

찬양 Mission

나의 힘이 되신 여호와여

나의 힘이 되신 여호와여 내가 주님을 사랑합니다
주는 나의 반석이시며 나의 요새시라
주는 나를 건지시는 나의 주 나의 하나님
나의 피할 바위시요 나의 방패시라
나의 하나님 나의 하나님
구원의 뿔이시요 나의 산성이라
나의 하나님 나의 하나님
그는 나의 여호와 나의 구세주

Encourage 인도 가이드

하나님은 구원을 베푸시고 승리를 주시는 분이에요. 하나님이 내 삶의 구원자가 되어 주심을 믿으며, 다윗과 같이 믿음의 찬양을 하기로 해요. 다음에 나온 다윗의 고백이 담긴 찬양을 함께 불러 볼게요. (함께 찬양한다.) 잘했어요. 하나님이 도우심에 감사하면서 한 주간 이 찬양으로 승리를 주신 하나님을 찬양하며 살아가는 친구들이 되길 바라요. 기도하고 7단원 5과 공과 공부를 마치도록 할게요.

기도 하나님, 우리 삶을 지키시고 지금까지 인도해 주셔서 감사합니다. 하나님은 우리 삶에 구원과 승리를 주시는 분임을 믿으며 살게 해 주세요. 한 주간 다윗과 같이 하나님께 승리의 노래를 매일 올려 드리는 우리 친구들이 되도록 인도해 주세요. 감사합니다. 사랑이 많으신 예수님의 이름으로 기도합니다. 아멘.

	평가 내용	상	중	하
1	인도자용 교재의 내용을 충분히 숙지한 후, 공과 공부를 인도했다.			
2	학생들이 성경의 내용을 이해하고 정확하게 숙지했다.			
3	학생들이 배운 내용을 바탕으로 실제적인 행동을 실천하기로 다짐했다.			
4	학생들의 공과 공부 참여도가 좋았다.			

8 단원

The Rule of the Kingdom of God #2

1과 내 인생의 1순위

2과 나의 소원은

3과 하나님의 지혜

4과 함께하시는 하나님

8단원 1과

내 인생의 1순위

본문 **열왕기상 2장 1~12절**

암송 구절 "네 하나님 여호와의 명령을 지켜 그 길로 행하여 그 법률과 계명과 율례와 증거를 모세의 율법에 기록된 대로 지키라 그리하면 네가 무엇을 하든지 어디로 가든지 형통할지라"(열왕기상 2장 3절).

원 포인트 하나님의 말씀대로 살아야 한다.

학습 목표
1. 하나님의 말씀대로 살아야 함을 다윗의 유언으로 설명할 수 있다. (인지적 학습 목표)
2. 하나님의 말씀대로 살기로 결단한다. (감성적 학습 목표)
3. 하나님의 말씀대로 살기를 실천한다. (행동적 학습 목표)

교사 수첩

본문 묵상	기도	큐티	가정예배	심방

본문 묵상 노트	
본문 묵상	

심방 노트	
심방 내용 (기도 제목)	

본문 배경

솔로몬의 즉위 소식을 접한 아도니야의 두려움과 솔로몬의 관용에 대해 다룬 1장 후반부에 이어 솔로몬을 향한 다윗의 유언이 담겨 있습니다. 다윗은 솔로몬에게 힘써 대장부가 되라고 명령합니다. 이는 어떤 어려움에도 흔들리지 말고 강하고 영향력을 가진 사람이 되어야 함을 뜻합니다. 오직 하나님 여호와의 명령을 지켜 그 길로 행하여 법률과 계명, 율례, 증거를 모세의 율법에 기록된 대로 지키라고 말합니다. 이것은 왕의 직분이 제사장이나 레위인의 직분처럼 하나님으로부터 위임받은 것임을 암시하는 동시에 이스라엘 왕의 자리가 하나님에 대한 책임을 수행하는 것임을 보여 줍니다. 이스라엘 왕에게 가장 필요한 것은 하나님의 뜻을 분별하고 그 뜻에 순종하는 일이었습니다. 그렇게 순종하면 무엇을 하든지 어디로 가든지 형통할 것이라고 말합니다. 그리고 솔로몬의 자손들이 마음을 다하고 성품을 다하여 진실되게 행하면 이스라엘 왕위에 오를 사람이 끊어지지 않으리라는 약속의 말씀을 전합니다. 이는 다윗의 후손을 지칭하는 것인 동시에 다윗의 혈통을 통해 나실 예수 그리스도가 이스라엘의 영원한 왕이 되리라는 약속으로 이해할 수 있습니다. 다윗은 자신을 이어 이스라엘을 통치할 솔로몬에게 정치, 외교, 경제와 관련된 언급을 하지 않습니다. 평생의 삶을 통해 재물, 명예, 권력이 아니라 하나님의 말씀을 지켜 행하는 일이 가장 중요하다는 것을 깨달았기 때문입니다. 그것이 진정으로 복된 길임을 알았던 것입니다. 다윗의 생애는 하나님의 말씀대로 살아가는 삶이었습니다. 다윗이 살아냈듯이, 그가 유언을 통해 말했듯이 하나님의 백성은 하나님의 말씀대로 살아야 함을 배우게 됩니다.

친구들, 한 주간 잘 지냈나요? 오늘도 친구들과 함께 삶과 말씀을 나눌 수 있어 참 감사해요. 오늘은 8단원 1과를 함께 공부할 거예요. 1과 제목을 같이 읽어 볼까요? (공과 제목을 함께 읽는다.) 잘 읽어 주었어요. 오늘 배울 원 포인트도 함께 읽어 볼게요. (원 포인트를 함께 읽는다.) 잘 읽어 주었어요. 이제 설교 시간에 들은 말씀을 기억하며 Welcome 활동을 시작해 볼게요.

단어 설명	**형통(3절)** 모든 일이 뜻한 바대로 잘되어 가는 것을 말해요.

Welcome

"인생에서 뭐가 가장 중요해?"

인생을 살아갈 때 가장 중요하다고 여기는 것이 무엇인지 생각해 보고, 친구들과 나눠 보세요.

Welcome 인도 가이드

인생을 살아갈 때 가장 중요하다고 생각하는 한 가지를 생각해 보고 교재에 적어 볼게요. (적는 시간을 준다.) 적은 내용을 친구들과 나눠 볼게요. (자유롭게 이야기를 나눈다.) 이야기를 나눠 준 친구들에게 격려의 박수를 보내도록 할게요. 각자가 인생에서 중요하다고 생각하는 게 다를 거예요. 돈이 될 수도 있고, 건강, 가족, 친구가 될 수도 있어요.

오늘 말씀은 우리가 인생에서 가장 중요하게 생각해야 하는 것이 무엇인지 말해 주고 있어요. 우리 인생에서 가장 중요한 것이 무엇인지 Adventure를 통해 살펴보도록 할게요.

Adventure

Adventure 인도 가이드

설교 시간에 들은 말씀을 떠올리며 다음 질문에 답하는 시간을 갖도록 해요. 첫 번째 질문에 대한 답을 적어 볼게요. (적는 시간을 준다.) 다 적었나요?

Q1 다윗이 아들 솔로몬에게 첫 번째로 말한 유언은 무엇인가요? (2~3절)

힘써 대장부가 되고, 여호와의 명령을 지켜 그 길로 행하여 모세의 율법에 기록된 대로 지키라는 것

교사의 말 다윗은 아들 솔로몬에게 첫 유언으로 힘써 대장부가 되고, 하나님이 명령하신 것을 잘 지키라고 말해요. 그렇게 하면 무엇을 하든지 어디로 가든지 형통할 것이라고 말해요.

Q2 다윗은 하나님이 자신과 어떤 약속을 하셨다고 말하나요? (4절)

다윗의 자손들이 마음을 다하고 성품을 다하여 진실히 하나님 앞에서 행하면 이스라엘 왕위에 오를 사람이 다윗의 집안에서 끊어지지 않으리라는 약속

교사의 말 다윗은 솔로몬에게 다윗의 자손들이 하나님의 말씀을 잘 따르고 마음과 정성을 다하여 하나님 앞에서 행하기만 하면, 하나님이 다윗의 집안에서 왕이 끊어지지 않게 해 주겠다고 약속하신 것을 말해요.

Q3 다윗이 죽은 이후 솔로몬이 왕위에 앉았을 때, 그의 나라는 어떠했나요? (12절)

솔로몬이 왕위에 있을 때 그의 나라는 심히 견고했음

교사의 말 다윗이 죽은 이후 아들 솔로몬이 왕위에 앉게 되었을 때 그의 나라가 굳건하게 세워졌어요. 하나님은 약속대로 다윗의 자손이 끊어지지 않도록 보호해 주셨어요.

이 말씀을 가지고 Value 질문을 이어서 할게요.

Value

[모두 질문]

Q1 다윗은 왜 아들 솔로몬에게 하나님의 말씀을 지키는 것이 가장 중요하다고 유언했나요?

교사의 말 다윗은 자신의 삶을 통해 하나님의 말씀대로 살 때 형통한 것을 경험했어요. 그래서 자신의 경험에 따라 하나님의 말씀대로 살라고 유언한 거예요. 또한 하나님이 다윗과 하신 약속이 있었기에 말씀 지키는 것을 중요하게 생각했어요.

[서로 질문]

Q2 부귀영화를 누린 다윗이 솔로몬에게 남긴 유언을 들었을 때 어떤 생각이 들었나요?

교사의 말 유언으로 남길 만한 내용은 다른 것도 많기에 다윗의 유언이 이해되지 않을 수 있어요. 그러나 다윗이 한 유언은 그의 삶에서 비롯된 것으로, 훌륭한 지침이 될 만한 유

언이에요. 다윗의 말은 솔로몬뿐만 아니라 우리도 똑같이 적용시켜 볼 수 있어요.

[개인 질문]

Q3 하나님의 백성은 하나님의 말씀대로 살아야 해요. 하나님의 말씀대로 살기 위해 바뀌어야 할 나의 모습은 무엇인가요?

교사의 말 하나님의 말씀대로 살기 위해서 바뀌어야 하는 모습들이 있을 거예요. 그런데 가장 중요한 것은 하나님의 말씀을 실천하기 위해 노력하는 모습이에요. 그러기 위해서는 말씀을 가까이하는 습관이 중요해요. 말씀을 가까이하려고 노력하는 우리가 되었으면 좋겠어요.

하나님의 백성으로서 하나님의 말씀대로 살기 위해 Encourage 활동을 실천해 보도록 해요.

Encourage

하나님의 백성은 하나님의 말씀대로 살아야 해요. 하나님의 말씀을 지키며 살아가기 위해 한 주간 말씀 묵상을 계획하고 말씀을 따라 살아 보세요.

말씀 묵상 Mission

예 언제? 아침 7시
어디서? 내 방 책상
무엇을? 큐티로 말씀 묵상을
어떻게? 20분 동안 큐티를 하고 실천사항을 교회 반 톡방에 공유한다.

언제?

어디서?

무엇을?

어떻게?

Encourage 인도 가이드

하나님의 말씀을 지키며 살아가기 위해 한 주간 말씀 묵상을 계획하고 말씀을 따라 살아 보기로 해요. 먼저 예시를 참고해 계획을 적어 볼게요. (적는 시간을 준다.) 다 적었다면 한 주간 계획한 대로 살기로 결단하고, 하나님의 말씀대로 살아가는 친구들이 되길 바라요. 기도하고 8단원 1과 공과 공부를 마치도록 할게요.

기도 하나님, 오늘 말씀처럼 하나님의 말씀대로 살아가는 우리 친구들이 되게 해 주세요. 무엇보다 말씀을 우선시하는 삶을 살도록 인도해 주세요. 한 주간 말씀을 따라 살기 위해 계획을 세웠습니다. 계획대로 매일 말씀을 보고 말씀대로 살아가는 말씀의 사람이 되게 해 주세요. 감사합니다. 사랑이 많으신 예수님의 이름으로 기도합니다. 아멘.

	평가 내용	상	중	하
1	인도자용 교재의 내용을 충분히 숙지한 후, 공과 공부를 인도했다.			
2	학생들이 성경의 내용을 이해하고 정확하게 숙지했다.			
3	학생들이 배운 내용을 바탕으로 실제적인 행동을 실천하기로 다짐했다.			
4	학생들의 공과 공부 참여도가 좋았다.			

8단원 2과

나의 소원은

본문 **열왕기상 3장 1~9절**

암송 구절 "지혜가 제일이니 지혜를 얻으라 네가 얻은 모든 것을 가지고 명철을 얻을 지니라"(잠언 4장 7절).

원 포인트 하나님의 지혜를 구해야 한다.

학습 목표
1. 하나님의 지혜를 구한 솔로몬의 이야기를 설명할 수 있다. (인지적 학습 목표)
2. 하나님의 지혜를 구하기로 결단한다. (감성적 학습 목표)
3. 하나님의 지혜를 구하며 살기를 실천한다. (행동적 학습 목표)

교사 수첩

본문 묵상	기도	큐티	가정예배	심방

본문 묵상 노트	
본문 묵상	

심방 노트	
심방 내용 (기도 제목)	

본문 배경

왕으로 즉위한 솔로몬은 여호와를 사랑하고 다윗의 법도를 따라 행했습니다. 솔로몬은 애굽이 사위로 삼을 만큼 부강했지만 성전이 없어 왕과 백성이 산당에서 제사를 드려야 했습니다. 솔로몬은 예루살렘에서 북서쪽으로 약 10km 떨어진 기브온 산당을 찾아 일천 번제를 드렸습니다. 일천 번제는 1,000마리 제물을 드리는 번제를 뜻합니다. 솔로몬이 드린 많은 제물은 그가 왕의 사명을 감당하고자 얼마나 간절히 하나님의 도움을 원했는지를 보여 줍니다. 하나님은 솔로몬의 꿈에 나타나 원하는 것을 구하라고 말씀하셨습니다. 솔로몬은 자신의 소원을 아뢰기 전 하나님이 베풀어 주신 은혜에 먼저 감사했고, 자신이 왕이 된 것은 다윗의 신실한 삶에 대한 하나님의 응답이라고 고백했습니다. 그리고 자신을 작은 아이라 칭하면서 하나님의 백성을 재판할 때 선악을 분별하도록 '듣는 마음'을 달라고 구했습니다. '듣는 마음'은 하나님과 백성의 소리를 듣는 마음이자 분별의 마음이요, 소통의 마음을 뜻합니다. 솔로몬은 은혜를 베푸신 분이 하나님임을 잊지 않았고, 자신이 왕의 책임을 감당하기에 한계가 있음을 고백하는 겸손함을 갖추고 있었습니다. 솔로몬은 하나님과 소통하고, 세상에서 낮은 이들과 소통할 줄 아는 왕이 되길 원했습니다. 하나님의 백성을 섬기기 위한 솔로몬의 간구는 하나님의 마음을 흡족하게 했고, 하나님은 그가 구하지 않았던 부귀와 영광까지 부어 주셨습니다. 하나님의 백성이 구해야 하는 것은 하나님의 지혜임을 배우게 됩니다.

친구들, 한 주간 잘 지냈나요? 오늘도 친구들과 함께 삶과 말씀을 나눌 수 있어 참 감사해요. 오늘은 8단원 2과를 함께 공부할 거예요. 2과 제목을 같이 읽어 볼까요? (공과 제목을 함께 읽는다.) 잘 읽어 주었어요. 오늘 배울 원 포인트도 함께 읽어 볼게요. (원 포인트를 함께 읽는다.) 잘 읽어 주었어요. 이제 설교 시간에 들은 말씀을 기억하며 Welcome 활동을 시작해 볼게요.

단어 설명	
산당(2절)	산 위에 세워진 신전으로, 히브리어로는 '바마'이고 '높은 곳'이라는 뜻이에요.
분향(3절)	향을 불에 피우는 것으로, 성소 안의 분향단에 향을 피우는 행위를 말해요.

Welcome

"소원을 말해 봐"

한 가지 소원을 이룰 수 있는 기회가 주어진다면 어떤 소원을 말할지 친구들과 나눠 보세요.

Welcome 인도 가이드

나에게 한 가지 소원을 이룰 기회가 주어진다면 어떤 소원을 말할지 생각해 보고 교재에 적어 볼게요. (적는 시간을 준다.) 그 소원에 대해 친구들과 나눠 볼게요. (자유롭게 이야기를 나눈다.) 잘 나눠 주었어요. 정말 다양한 소원이 있네요. 한 가지 소원을 이룰 기회가 주어진다면 우리 친구들은 지금처럼 깊이 고민하고 생각해서 소원을 말할 거예요.

오늘 말씀을 보면 하나님께 한 가지 소원을 말했던 인물이 등장해요. 우리 친구들의 소원과 비교하면서 그 인물이 하나님께 어떤 소원을 말했는지 Adventure를 통해 살펴보도록 할게요.

Adventure

Adventure 인도 가이드

설교 시간에 들은 말씀을 떠올리며 다음 질문에 답하는 시간을 갖도록 해요. 첫 번째 질문에 대한 답을 적어 볼게요. (적는 시간을 준다.) 다 적었나요? 하나씩 살펴볼게요.

Q1 솔로몬의 꿈에 나타나신 하나님은 솔로몬에게 어떤 말씀을 하시나요? (5절)

무엇을 주길 원하는지 구하라고 하심

교사의 말 기브온에서 일천 번제를 드린 날 밤에 하나님이 솔로몬의 꿈에 나타나셨어요. 꿈속에서 하나님은 솔로몬에게 무엇이든지 원하는 것을 구하면 들어주겠다고 말씀하셨어요.

Q2 솔로몬은 하나님께 무엇을 구했나요? (9절)

많은 이스라엘 백성을 재판하기 위한 듣는 마음, 선악을 분별하는 지혜를 구함

교사의 말 솔로몬은 하나님께 이스라엘 백성이 많으니 그들을 다스릴 수 있도록 듣는 마음과 옳고 그름을 가려 판결하는 지혜를 달라고 말했어요.

Q3 솔로몬이 구한 것을 들으신 하나님은 어떤 반응을 보이셨나요? (10절)

솔로몬이 지혜 구한 것을 마음에 들어 하심

교사의 말 솔로몬은 하나님께 오래 사는 것이나 부자가 되는 것을 구하지 않고, 원수를 죽여 달라고도 하지 않았어요. 솔로몬은 오직 하나님의 백성을 바르게 다스릴 수 있는 지혜를 구했고, 그 말을 들으신 하나님은 기뻐하셨어요.

이 말씀을 가지고 Value 질문을 이어서 할게요.

Value

[모두 질문]

Q1 솔로몬이 하나님께 지혜(듣는 마음)를 구한 이유는 무엇인가요?

교사의 말 솔로몬은 수많은 백성을 다스려야 하기에 걱정이 되었어요. 그래서 하나님이 맡겨 주신 백성을 잘 다스리도록 옳고 그름을 판결하는 지혜를 구한 거예요.

[서로 질문]

Q2 하나님이 들어주시기를 바라며 간절하게 구하고 있는 것은 무엇인가요?

교사의 말 우리는 하나님께 많은 것을 구하고 기도해요. 그러나 세상을 살아갈 때 우리가 간절하게 구해야 할 것은 하나님의 지혜예요.

[개인 질문]

Q3 하나님의 백성이 바라고 구해야 할 것은 지혜예요. 하나님의 지혜를 얻게 된다면 나의 삶은 어떻게 변하게 될까요?

교사의 말 세상의 지혜가 아닌 하나님의 지혜를 가지고 살아가는 사람은 단순히 다른 사람보다 똑똑하고 탁월한 모습을 가진 사람을 말하는 게 아니에요. 하나님을 사랑하고 하나님의 뜻대로 살아가려는 사람이에요. 그런 사람은 분명 다른 사람들과 구별되고 다르다는 것을 보여 줄 거예요.

하나님의 지혜로 변화될 나의 모습을 기대하며 하나님께 지혜를 구하는 Encourage 활동을 하도록 할게요.

Encourage

하나님의 백성이 바라고 구해야 할 것은 지혜예요. 하나님이 주신 지혜로 변화될 나의 모습을 적고, 한 주간 지혜를 구하는 기도를 해 보세요.

기도 Mission

지혜로 변화될 나의 모습	기도문

Encourage 인도 가이드

하나님의 백성은 하나님께 지혜를 구하는 기도를 드려야 해요. 그렇게 기도하기 전에 하나님의 지혜로 변화될 나의 모습을 교재에 적어 볼게요. (적는 시간을 준다.) 다 적었으면 하나님의 지혜로 변화될 나의 모습을 기대하고 떠올리며 한 주간 하나님께 지혜를 달라고 기도하기로 해요. 하나님의 지혜로 솔로몬과 같은 친구들이 되길 바라요. 기도하고 8단원 2과 공과 공부를 마치도록 할게요.

기도 솔로몬이 하나님께 지혜를 구한 것처럼 우리 친구들도 하나님의 지혜를 구하는 사람이 되게 해 주세요. 하나님이 주신 지혜로 우리 친구들이 변화되게 해 주세요. 세상에서 하나님을 위해 크게 쓰임받고, 하나님의 지혜를 드러내는 사람이 되게 해 주세요. 감사합니다. 사랑이 많으신 예수님의 이름으로 기도합니다. 아멘.

	평가 내용	상	중	하
1	인도자용 교재의 내용을 충분히 숙지한 후, 공과 공부를 인도했다.			
2	학생들이 성경의 내용을 이해하고 정확하게 숙지했다.			
3	학생들이 배운 내용을 바탕으로 실제적인 행동을 실천하기로 다짐했다.			
4	학생들의 공과 공부 참여도가 좋았다.			

8단원 3과

하나님의 지혜

본문 **열왕기상 3장 16~28절**

암송 구절 "지혜와 권능이 하나님께 있고 계략과 명철도 그에게 속하였나니"(욥기 12장 13절).

원 포인트 하나님의 지혜를 의지해야 한다.

학습 목표
1. 솔로몬이 하나님의 지혜를 의지한 이야기를 설명할 수 있다. (인지적 학습 목표)
2. 하나님의 지혜를 의지하기로 결단한다. (감성적 학습 목표)
3. 하나님의 지혜를 의지해 살기를 실천한다. (행동적 학습 목표)

교사 수첩

본문 묵상	기도	큐티	가정예배	심방

본문 묵상 노트	
본문 묵상	

심방 노트	
심방 내용 (기도 제목)	

본문 배경

솔로몬에게 판결을 요청하는 두 여인이 등장합니다. 한집에 살던 두 여인은 3일 간격으로 아기를 낳았습니다. 그런데 어느 날 한 여인이 자기 아이를 깔고 자는 바람에 아이가 죽었습니다. 그 여인은 다른 여인의 품에 죽은 아이를 두고, 살아 있는 아이를 자기 품에 뉘었습니다. 다음 날 아침 죽은 아이를 안고 있던 여인은 그 아이가 자신의 아이가 아님을 알아챘습니다. 그 여인은 산 아이가 자신의 아이라고 말했지만, 아이를 죽인 여인은 끝까지 산 아이가 자기 아이라고 말했습니다. 결국 두 여인은 솔로몬에게 재판을 요청하게 되었습니다. 두 여인의 상반된 주장이 계속되자 솔로몬은 신하들을 시켜 칼을 가져오게 합니다. 그리고 산 아이를 둘로 나눠 두 여인에게 반씩 나누어 주라고 말합니다. 산 아이의 진짜 어머니는 자기 아이를 위하는 마음이 불붙듯 일어나 아이를 죽이지 말고 다른 여인에게 주라고 합니다. 그때 다른 여인은 아이를 그냥 반으로 나누자고 합니다. 두 여인의 이야기를 들은 솔로몬은 아이를 죽이지 말 것을 요청한 여인이 진짜 어머니라고 판결합니다. 솔로몬의 판결을 들은 이스라엘 백성은 하나님의 지혜를 가지고 재판한 솔로몬을 두려워하게 됩니다. 오늘 본문 말씀 이전에 솔로몬은 하나님께 재판을 통해 하나님의 백성에게 공의를 행하도록 지혜를 달라고 구했습니다. 솔로몬의 이런 요구가 하나님의 마음에 맞았습니다. 솔로몬처럼 하나님의 자녀인 우리에게는 하나님의 지혜가 필요합니다. 우리는 이 세상을 살아가며 맞닥뜨리는 수많은 상황에서 하나님이 기뻐하시는 결정을 내리고, 정의롭고 공의로운 선택을 하여 하나님의 자녀답게 살도록 하나님께 지혜를 구해야 합니다.

친구들, 한 주간 잘 지냈나요? 오늘도 친구들과 함께 삶과 말씀을 나눌 수 있어 참 감사해요. 오늘은 8단원 3과를 함께 공부할 거예요. 3과 제목을 같이 읽어 볼까요? (공과 제목을 함께 읽는다.) 잘 읽어 주었어요. 오늘 배울 원 포인트도 함께 읽어 볼게요. (원 포인트를 함께 읽는다.) 잘 읽어 주었어요. 이제 설교 시간에 들은 말씀을 기억하며 Welcome 활동을 시작해 볼게요.

Welcome

나의 지혜

어려운 문제를 만났을 때, 나만의 좋은 해결 방법이 있다면 친구들과 나눠 보세요.

Welcome 인도 가이드

어려운 문제를 만났을 때 해결하는 자신만의 좋은 방법이 있다면 생각해 보고 교재에 적어 주세요. (적는 시간을 준다.) 그 방법을 친구들과 나눠 볼게요. (자유롭게 이야기를 나눈다.) 잘 나눠 주었어요. 어려운 문제를 만났을 때 우리는 저마다의 방법과 지혜로 문제를 해결해 나가요. 그러나 우리가 문제를 해결하려 해도 도저히 방법이 떠오르지 않는 문제도 많이 있어요.

이런 문제를 어떻게 해결할 수 있을지 Adventure를 통해 살펴보도록 할게요.

Adventure

Adventure 인도 가이드

설교 시간에 들은 말씀을 떠올리며 다음 질문에 답하는 시간을 갖도록 해요. 첫 번째 질문에 대한 답을 적어 볼게요. (적는 시간을 준다.) 다 적었나요? 하나씩 살펴볼게요.

Q1 두 여인이 솔로몬을 찾아와 판결을 요청한 내용은 무엇인가요? (22절)

서로 산 아들이 자기 아들이라고 주장함

교사의 말 두 여인이 솔로몬 왕을 찾아왔어요. 첫 번째 여인은 다른 여인이 죽은 아이를 자기 아이와 바꾸었다고 말해요. 그리고 그 여인이 산 아이가 자기 아이인 척한다고 주장해요.

Q2 솔로몬은 두 여인의 이야기를 듣고 처음에 어떤 판결을 내리나요? (24~25절)

칼을 가져오라고 한 뒤 아이를 반으로 나누어 두 여인에게 주라고 함

교사의 말 두 여인이 서로 산 아이가 자기 아이라고 주장하자 솔로몬은 신하에게 칼을 가져오라고 해요. 그리고 산 아이를 반으로 나누어 두 여인에게 주라고 말해요. 이 말에 두 여인은 정반대의 반응을 보여요.

Q3 온 이스라엘이 솔로몬의 판결을 듣고 두려워한 이유는 무엇인가요? (28절)

솔로몬이 하나님의 지혜로 재판했기 때문에 두려워함

교사의 말 솔로몬은 지혜로운 판결로 아이의 진짜 어머니를 찾았어요. 이스라엘 백성이 왕의 지혜로운 판결을 듣고 두려워한 이유는 그의 판결에서 하나님의 지혜를 보았기 때문이에요.

이 말씀을 가지고 Value 질문을 이어서 할게요.

Value

[모두 질문]

Q1 솔로몬은 어떻게 해서 산 아이의 친어머니를 찾을 수 있었나요?

교사의 말 솔로몬 왕이 하나님의 지혜를 의지해 판결했기 때문에 산 아이의 진짜 어머니를 찾을 수 있었어요.

[서로 질문]

Q2 두 여인에게 내려진 솔로몬의 판결을 보면서 어떤 생각이 드나요?

교사의 말 솔로몬의 판결은 그 누구 하나 다치지 않게 하는 명확한 판결이었어요. 그뿐만 아니라 사람의 마음을 이해하고 내린 판결이었어요. 이런 판결이 가능했던 이유는 솔로몬이 하나님의 지혜를 의지했기 때문이에요.

[개인 질문]

Q3 하나님의 백성은 세상을 살아갈 때 하나님의 지혜가 필요해요. 하나님의 지혜를 의

지해서 모든 일을 결정한다면 어떤 결과가 있을까요?

교사의 말 매 순간 하나님이 주시는 지혜에 의지해 모든 일을 결정한다면 그 결과는 선하게 될 거예요.

하나님의 지혜를 의지하기로 결단하는 마음으로 Encourage 활동을 해 보도록 할게요.

Encourage

하나님의 백성이 세상을 살아갈 때는 하나님의 지혜가 필요해요. 하나님의 지혜를 의지할 때 하나님이 기뻐하시는 결정을 할 수 있어요. 한 주간 성경 말씀을 암송하며 하나님께 지혜를 구해 보세요.

말씀 암송 Mission

"지혜와 권능이 하나님께 있고 계략과 명철도 그에게 속하였나니"(욥 12:13).

"너희 중에 누구든지 지혜가 부족하거든 모든 사람에게 후히 주시고 꾸짖지 아니하시는 하나님께 구하라 그리하면 주시리라"(약 1:5).

Encourage 인도 가이드

하나님의 지혜를 의지할 때 하나님이 기뻐하시는 결정을 할 수 있어요. 한 주간 하나님의 지혜를 구하는 말씀을 암송하면서 하나님께 지혜를 구해 보도록 해요. 두 개의 암송 구절 가운데 하나를 암송해 보도록 할게요. (암송하는 시간을 준다.) 암송한 말씀을 같이 말해 볼게요. (말씀을 암송한다.) 잘했어요. 하나님의 지혜를 의지하기로 결단하고 한 주간 하나님의 지혜를 구하는 말씀을 암송하면서 살아가는 친구들이 되길 소망해요. 기도하고 8단원 3과 공과 공부를 마치도록 할게요.

기도 하나님, 솔로몬이 하나님의 지혜를 의지했던 것처럼 우리 친구들도 하나님의 지혜를 의지하게 해 주세요. 하나님의 지혜로 세상이 놀라는 일을 할 수 있는 사람이 되게 해 주세요. 세상에서 우리의 지혜가 아닌 하나님의 지혜를 의지하길 원합니다. 감사합니다. 사랑이 많으신 예수님의 이름으로 기도합니다. 아멘.

	평가 내용	상	중	하
1	인도자용 교재의 내용을 충분히 숙지한 후, 공과 공부를 인도했다.			
2	학생들이 성경의 내용을 이해하고 정확하게 숙지했다.			
3	학생들이 배운 내용을 바탕으로 실제적인 행동을 실천하기로 다짐했다.			
4	학생들의 공과 공부 참여도가 좋았다.			

8단원 4과

함께하시는 하나님

본문 **열왕기상 6장 1~13절**

암송 구절 "나는 너희 중에 행하여 너희의 하나님이 되고 너희는 내 백성이 될 것이니라"(레위기 26장 12절).

원 포인트 하나님은 하나님의 백성과 함께하신다.

학습 목표
1. 성전 건축 이야기를 통해 함께하시는 하나님을 설명할 수 있다. (인지적 학습 목표)
2. 함께하시는 하나님과 거룩하게 살기로 결단한다. (감성적 학습 목표)
3. 함께하시는 하나님과 거룩하게 살기를 실천한다. (행동적 학습 목표)

교사 수첩

본문 묵상	기도	큐티	가정예배	심방

본문 묵상 노트	
본문 묵상	

심방 노트	
심방 내용 (기도 제목)	

본문 배경

어느덧 이스라엘 백성이 애굽에서 나온 지 480년이나 되었습니다. 솔로몬이 다스리는 나라는 유브라데강부터 애굽 지경까지 이르렀고, 수많은 백성이 평화롭게 살 수 있었습니다. 이제 솔로몬은 하나님의 성전을 짓고자 합니다. 솔로몬은 히람 왕과의 무역 거래를 통해 성전을 지을 때 필요한 돌과 나무를 준비합니다. 성전의 크기는 모세가 지었던 성막의 크기보다 두 배나 큰 크기로, 길이가 60규빗이고, 너비가 20규빗, 높이가 30규빗이었습니다. '규빗'(약 45cm)은 길이를 측량하는 단위 중 하나이며, 일반적으로 사람의 팔꿈치부터 가운뎃손가락까지 길이를 가리킵니다. 이를 요즘 쓰이는 단위로 계산하면 성전의 길이는 27m, 너비는 9m, 높이는 13m 정도입니다. 솔로몬은 채석장에서 잘 다듬은 돌을 사용해 온갖 정성을 들여 성전을 지었습니다. 이제 광야 시절에 있던 성막이 아니라 성전에서 하나님을 예배하게 되었고, 성전을 통해 하나님이 하나님의 백성과 함께하신다는 것을 알 수 있습니다. 성전은 하나님이 머무시는 곳으로, 그분의 이름이 있는 곳입니다. 이곳에서 하나님께 예배드리고, 하나님의 말씀이 주어지고, 죄 사함이 이루어졌습니다. 신약 시대 이후에는 이 성전이 그리스도 안에서 우리 가운데 거하게 됩니다. 예수님을 믿어 하나님의 자녀가 된 성도 한 사람 한 사람이 성전이 되었습니다. "너희는 너희가 하나님의 성전인 것과 하나님의 성령이 너희 안에 계시는 것을 알지 못하느냐"(고전 3:16). 하나님은 언제나 하나님의 백성과 함께하십니다. 성전인 우리는 우리 안에 거하시는 하나님과 함께 거룩한 삶을 살아야 합니다.

친구들, 한 주간 잘 지냈나요? 오늘도 친구들과 함께 삶과 말씀을 나눌 수 있어 참 감사해요. 오늘은 8단원 4과를 함께 공부할 거예요. 4과 제목을 같이 읽어 볼까요? (공과 제목을 함께 읽는다.) 잘 읽어 주었어요. 오늘 배울 원 포인트도 함께 읽어 볼게요. (원 포인트를 함께 읽는다.) 잘 읽어 주었어요. 이제 설교 시간에 들은 말씀을 기억하며 Welcome 활동을 시작해 볼게요.

Welcome

"함께하면 좋겠어"

하루 동안 함께하고 싶은 사람을 생각해 보고 친구들과 나눠 보세요.

Welcome 인도 가이드

하루 동안 함께하고 싶은 사람을 생각해 보고 교재에 적어 볼게요. (적는 시간을 준다.) 그 사람에 대해 친구들과 나눠 볼게요. (자유롭게 이야기를 나눈다.) 잘 나눠 주었어요. 하루 동안 함께하고 싶은 사람은 대부분 가족이나 절친한 친구일 거예요. 그런데 그 누구보다 우리와 함께하고 싶어 하시는 분이 있어요.

그분이 누구인지 Adventure를 통해 살펴보도록 할게요.

Adventure

Adventure 인도 가이드

설교 시간에 들은 말씀을 떠올리며 다음 질문에 답하는 시간을 갖도록 해요. 첫 번째 질문에 대한 답을 적어 볼게요. (적는 시간을 준다.) 다 적었나요? 하나씩 살펴볼게요.

Q1 솔로몬은 이스라엘 백성이 애굽에서 나온 지 얼마 만에 성전 건축을 시작했나요? (1절)

480년 만에

교사의 말 솔로몬은 이스라엘 왕이 된 지 4년 둘째 달이며, 이스라엘 백성이 애굽에서 나온 지 480년 만에 성전을 건축하기 시작했어요.

Q2 성전을 건축하는 동안 성전 속에서 들리지 않았던 소리는 무엇인가요? (7절)

돌을 그 뜨는 곳에서 다듬고 가져다가 건축했기 때문

교사의 말 성전을 건축할 때 돌을 그 뜨는 곳에서 다듬고 가져다가 건축했어요. 그래서 성전을 건축하는 동안 성전 속에서 방망이나 도끼, 모든 철 연장 소리가 들리지 않았어요.

Q3 성전이 완성된 후에 하나님은 솔로몬에게 어떤 약속을 하셨나요? (13절)

하나님이 이스라엘 자손 가운데 거하며 이스라엘 백성을 버리지 않겠다고 하심

교사의 말 하나님은 성전을 건축한 솔로몬에게 율법과 계명을 잘 지킬 것을 명령하셨어요. 그리고 하나님이 이스라엘 자손 가운데 계실 것과 이스라엘 백성을 절대 버리지 않을 것을 약속하셨어요.

이 말씀을 가지고 Value 질문을 이어서 할게요.

Value

[모두 질문]

Q1 성전이 완성된 후, 하나님의 약속은 어떻게 이루어졌나요?

교사의 말 성전이 완성되고 나서 하나님은 약속대로 이스라엘 백성 가운데 임재하셨어요. 성소에 하나님의 영광의 구름이 가득했고, 이후에도 하나님은 그들을 저버리지 않으셨어요.

[서로 질문]

Q2 하나님이 하나님의 백성 가운데 계시며, 그분의 백성을 버리지 않으시겠다는 약속을 내가 듣는다면 어떤 마음이 들 것 같나요?

교사의 말 하나님이 우리 안에 계시고, 우리를 버리지 않으시고 영원히 함께하신다면 어떤 걱정도 두려움도 없어지고 큰 용기가 날 거예요. 하나님이 우리를 버리지 않으시고 함께하신다는 사실을 잊지 않길 바라요.

[개인 질문]

Q3 예수님을 믿고 하나님의 자녀가 된 우리는 하나님이 함께하시고 거하시는 성전이 되었어요. 나에게 하나님의 성전으로 살아가지 못하는 모습이 있다면 무엇인가요?

교사의 말 하나님이 함께하시는 성전처럼 살아가지 못하는 우리의 모습을 돌이킬 수 있길 바라요.

하나님이 함께하시는 성전의 모습으로 살아가기 위해 Encourage 활동을 해 보도록 할게요.

Encourage

하나님은 예수님을 믿고 하나님의 거룩한 성전이 된 우리와 함께하세요. 다음 리스트에서 거룩한 삶의 모습을 세 가지 골라 실천하고, 함께하시는 하나님을 기억하며 한 주간을 거룩하게 살도록 해요.

거룩하게 살기 Mission

거룩한 삶 실천 리스트

◈ 욕하지 않기

◈ 음란물 보지 않기

◈ 게으르지 않기

◈ 부정적인 말 하지 않기

◈ 약속 잘 지키기

Encourage 인도 가이드

하나님은 예수님을 믿어 하나님의 성전이 된 우리와 함께하세요. 하나님이 함께하시는 거룩한 성전으로 살아가기 위해 한 주간 거룩한 삶을 실천해 보도록 할게요. 교재의 실천 리스트에서 세 가지를 골라 보세요. 한 주간 세 가지를 실천하면서 거룩한 모습으로 살아가도록 결단하는 친구들이 되길 바라요. 기도하고 8단원 4과 공과 공부를 마치도록 할게요.

기도 하나님이 우리와 함께하신다는 사실을 잊지 않게 해 주세요. 하나님이 함께하심을 기억하며 거룩한 백성으로 멋지게 살아가는 우리가 되도록 인도해 주세요. 함께하시는 하나님을 의지하며 어떤 걱정도 두려움도 없이 담대하게 살아가게 해 주세요.

감사합니다. 사랑이 많으신 예수님의 이름으로 기도합니다. 아멘.

	평가 내용	상	중	하
1	인도자용 교재의 내용을 충분히 숙지한 후, 공과 공부를 인도했다.			
2	학생들이 성경의 내용을 이해하고 정확하게 숙지했다.			
3	학생들이 배운 내용을 바탕으로 실제적인 행동을 실천하기로 다짐했다.			
4	학생들의 공과 공부 참여도가 좋았다.			

9 단원

The Rule of the Kingdom of God #2

1과 은혜에 대한 반응, 감사!

2과 하나님만을 사랑!

3과 나의 마음을 하나님께로!

4과 하나님 앞에서

9단원 1과

은혜에 대한 반응, 감사!

본문 **열왕기상 8장 54~66절**

암송 구절 "주를 두려워하는 자를 위하여 쌓아 두신 은혜 곧 주께 피하는 자를 위하여 인생 앞에 베푸신 은혜가 어찌 그리 큰지요"(시편 31편 19절).

원 포인트 하나님이 주신 은혜에 감사해야 한다.

학습 목표
1. 하나님의 은혜에 감사해야 함을 설명할 수 있다. (인지적 학습 목표)
2. 하나님의 은혜에 감사하기로 결단한다. (감성적 학습 목표)
3. 하나님의 은혜에 감사하며 살기를 실천한다. (행동적 학습 목표)

교사 수첩

본문 묵상	기도	큐티	가정예배	심방

본문 묵상 노트	
본문 묵상	

심방 노트	
심방 내용 (기도 제목)	

본문 배경

성전 건축을 모두 마친 솔로몬은 이스라엘의 모든 지도자를 불러 예루살렘으로 나오게 했습니다. 이스라엘의 모든 백성이 솔로몬 왕 앞에 모였습니다. 제사장들은 여호와의 언약궤를 성전 안 지성소에 옮겼습니다. 하나님의 영광이 성전 안에 가득했습니다. 솔로몬은 모든 백성을 위해 하나님께 축복기도를 올리고 하나님의 약속을 붙들고 기도합니다. 기도를 마친 솔로몬은 모든 백성을 향해 축복합니다. 하나님은 모세를 통해 말씀하신 모든 약속을 이스라엘에게 이루셨습니다. 하나님이 그들의 조상들과 함께 있었던 것처럼 앞으로도 함께 계시기를 원한다고 백성을 향해 말합니다. 이어서 솔로몬은 이스라엘 백성에게 온 마음을 주께 향하고 조상들에게 명령하신 계명과 법도, 율례를 지킬 것을 명합니다. 솔로몬 왕은 백성을 향해 하나님의 말씀을 지켜야 함을 두 번 이상 언급하며 강조합니다. 기도와 축복을 마친 솔로몬은 이스라엘 백성과 하나님께 제사를 드립니다. 하나님께 소 2만 2천 마리와 양 12만 마리를 제물로 바칩니다. 이때 솔로몬과 이스라엘 백성은 하나님께 복을 달라고 구하지 않았습니다. 이들은 하나님의 약속을 풍요롭게 누리며 살고 있었기 때문입니다(56절). 제사를 드리면서 이들은 하나님이 베푸신 은혜로 기뻐하며 즐거워하고 있었습니다(66절). 우리는 은혜를 구하기에 앞서 우리에게 내려 주신 은혜를 헤아리며 기뻐하고 즐거운 마음으로 하나님께 감사해야 합니다.

친구들, 한 주간 잘 지냈나요? 오늘도 친구들과 함께 삶과 말씀을 나눌 수 있어 참 감사해요. 오늘은 9단원 1과를 함께 공부할 거예요. 1과 제목을 같이 읽어 볼까요? (공과 제목을 함께 읽는다.) 잘 읽어 주었어요. 오늘 배울 원 포인트도 함께 읽어 볼게요. (원 포인트를 함께 읽는다.) 잘 읽어 주었어요. 이제 설교 시간에 들은 말씀을 기억하며 Welcome 활동을 시작해 볼게요.

단어 설명	
	무릎을 꿇고(54절) 존경의 예를 표하거나 경배할 때의 자세로, 이스라엘 백성은 무릎을 꿇고 손을 펴서 하늘을 향하게 하고 기도했어요. **태평(56절)** 나라가 안정되고 소산이 풍성하여 아무 걱정이 없고 평안한 것을 이르는 말로, 솔로몬은 태평함을 하나님이 택한 백성에게 주시는 복이라고 고백했어요.

Welcome

내가 경험한 은혜

최근에 하나님의 은혜를 경험한 적이 있는지 생각해 보고,
그때 내가 어떻게 반응했는지 친구들과 나눠 보세요.

Welcome 인도 가이드

최근에 하나님의 은혜를 경험한 적이 있나요? 있다면 그때 내가 어떻게 반응했는지 친구들과 나눠 볼게요. (생각할 시간을 주고, 자유롭게 이야기를 나누도록 한다.) 잘 나눠 주었어요. 살아가는 동안 우리는 하나님의 은혜를 경험할 때가 있어요. 학교에서 있었던 일로, 때로는 친구들과의 관계 속에서 하나님이 하시지 않으면 일어날 수 없는 일을 경험해요. 그리고 그 순간 하나님의 은혜임을 깨닫게 되고, 하나님의 은혜를 경험하면 우리는 그 은혜에 감사하는 고백을 하게 돼요.

오늘 말씀에도 하나님의 은혜를 경험하고 감사를 고백하는 인물이 등장하고 있어요. Adventure를 통해 자세히 살펴보도록 할게요.

Adventure

Adventure 인도 가이드

설교 시간에 들은 말씀을 떠올리며 다음 질문에 답하는 시간을 갖도록 해요. 첫 번째 질문에 대한 답을 적어 볼게요. (적는 시간을 준다.) 다 적었나요?

Q1 솔로몬이 하나님을 찬송한 이유는 무엇인가요? (56절)

하나님이 말씀하신 대로 그의 백성 이스라엘에게 태평을 주셨으며, 모세를 통해 말씀하신 모든 좋은 약속이 하나도 이루어지지 않은 것이 없기 때문

교사의 말 솔로몬은 하나님이 이스라엘 백성에게 행하신 놀라운 일들을 보았어요. 하나님이 하신 말씀이 하나도 땅에 떨어지지 않고 말씀하신 대로 이루어졌음을 보게 된 솔로몬은 하나님을 찬송해요. 하나님의 은혜를 경험한 솔로몬이 그 은혜에 대해 어

떻게 반응하는지 다음 질문을 통해 살펴볼게요.

Q2 **솔로몬과 이스라엘 백성은 화목제의 희생제물로 무엇을 드리나요? (63절)**

소 2만 2천 마리와 양 12만 마리

교사의 말 솔로몬과 이스라엘 백성은 화목제의 희생제물로 소 2만 2천 마리와 양 12만 마리를 올려 드려요. 화목제는 함께 나누는 제사이며, 피와 기름과 내장은 하나님께 바치고 고기는 공동체가 함께 나눠 먹는 제사예요. 즉 이렇게 많은 제물을 통해 알 수 있는 건 하나님께 큰 감사를 올려드렸을 뿐 아니라 많은 이스라엘 백성이 이 감사의 잔치에 참여하고 있다는 것이죠. 이어서 세 번째 질문이에요.

Q3 **모든 축제가 끝난 후에 이스라엘 백성의 마음은 어떠했나요? (66절)**

여호와께서 그의 종 다윗과 그의 백성 이스라엘에게 베푸신 모든 은혜로 말미암아 기뻐하며 마음에 즐거워함

교사의 말 하나님의 은혜에 감사하며 모든 축제를 누린 이스라엘 백성의 마음에는 기쁨과 즐거움이 넘쳐나게 돼요.

이 말씀을 가지고 Value 질문을 이어서 할게요.

Value

[서로 질문]

Q1 **하나님의 약속대로 이스라엘 백성을 돌봐 주심을 경험한 솔로몬은 어떤 마음이었을까요?**

교사의 말 하나님은 약속대로 이스라엘 백성을 약속의 땅으로 인도하세요. 그런 하나님의 모습을 경험한 솔로몬은 무척 기쁘고 감사했을 거예요.

[모두 질문]

Q2 은혜를 경험한 이스라엘 백성에게 하나님이 원하시는 모습은 어떤 것일까요?

교사의 말 하나님은 이스라엘 백성을 약속의 말씀에 따라 인도해 주세요. 이스라엘 백성은 하나님의 인도하심에 따라 놀라운 은혜를 경험해요. 그런 은혜에 대해 하나님은 감사하길 원하셨어요. 마지막 질문 읽어 볼게요.

[개인 질문]

Q3 하나님이 예수님을 통해 나를 구원해 주셨어요. 예수님을 통해 구원의 은혜를 받은 나는 어떤 모습으로 살아가야 할까요?

교사의 말 하나님은 이스라엘 백성에게 약속을 주시고, 그 약속에 따라 인도하셨어요. 이처럼 하나님은 우리를 구원해 주겠다고 약속하시고, 그 약속대로 예수님을 통해 우리를 죄에서 구원해 주세요. 구원의 은혜를 받은 우리는 매일 그 은혜에 감사하며 살아가야 해요.

그러면 어떻게 해야 순종의 삶을 살아갈 수 있을지 Encourage를 통해 살펴보도록 해요.

Encourage

하나님의 은혜를 받은 우리는 그 은혜에 대한 감사의 고백을 해야 해요. 감사한 내용과 감사 기도문을 적고 한 주간 기도해 보세요.

기도 Mission

감사한 내용

감사 기도문

Encourage 인도 가이드

하나님의 은혜에 마땅한 반응은 감사예요. 한 주간 감사 기도 미션을 수행하기 위해 먼저 감사한 내용을 적어 볼게요. (적는 시간을 준다.) 감사한 내용을 적었다면 그 감사에 대한 고백으로 감사 기도문을 적어 볼게요. (적는 시간을 준다.) 친구들이 적은 감사 기도문을 매일 자기 전에 읽기로 해요. 매일 감사 기도를 드리며 감사가 넘치는 한 주가 되길 바라요. 기도하고 9단원 1과 공과 공부를 마치도록 할게요.

기도 하나님, 죄인인 우리를 구원해 주시는 은혜를 베풀어 주셔서 감사합니다. 매일 하나님의 은혜를 받은 하나님의 자녀임을 기억할 수 있기를 원합니다. 은혜를 받은 자로서 늘 그 은혜에 감사하는 한 주를 살기 원합니다. 늘 감사를 고백하는 삶을 살아가도록 인도해 주세요. 감사합니다. 사랑이 많으신 예수님의 이름으로 기도합니다. 아멘.

	평가 내용	상	중	하
1	인도자용 교재의 내용을 충분히 숙지한 후, 공과 공부를 인도했다.			
2	학생들이 성경의 내용을 이해하고 정확하게 숙지했다.			
3	학생들이 배운 내용을 바탕으로 실제적인 행동을 실천하기로 다짐했다.			
4	학생들의 공과 공부 참여도가 좋았다.			

9단원 2과

하나님만을 사랑!

본문 **열왕기상 11장 1~13절**

암송 구절 "사람아 주께서 선한 것이 무엇임을 네게 보이셨나니 여호와께서 네게 구하시는 것은 오직 정의를 행하며 인자를 사랑하며 겸손하게 네 하나님과 함께 행하는 것이 아니냐"(미가 6장 8절).

원 포인트 하나님만 사랑해야 한다.

학습 목표
1. 하나님만 사랑해야 함을 설명할 수 있다. (인지적 학습 목표)
2. 하나님만 사랑하기로 결단한다. (감성적 학습 목표)
3. 하나님만 사랑하며 살기를 실천한다. (행동적 학습 목표)

교사 수첩

본문 묵상	기도	큐티	가정예배	심방

본문 묵상 노트	
본문 묵상	

심방 노트	
심방 내용 (기도 제목)	

본문 배경

솔로몬 왕은 다른 나라의 여인들을 사랑했습니다. 그는 바로의 딸뿐 아니라 모압, 암몬, 에돔, 시돈, 헷 여인과 결혼했습니다. 솔로몬이 이런 결혼을 한 것은 외교적인 이유 때문이었습니다. 중혼정책으로 많은 나라와 화친을 맺어 불만을 잠재우고, 외교적으로 안정을 이루어 하나의 통일 국가를 만들려고 했던 것입니다. 그러나 하나님은 이스라엘 백성에게 "너희는 다른 나라의 백성과 결혼하지 말라"라고 명령하셨습니다. 그렇게 하신 이유는 다른 나라의 백성과 결혼하게 되면 그들이 이스라엘 백성의 마음을 돌려 우상을 섬기게 할 것이기 때문입니다. 그럼에도 솔로몬은 이방 여인들을 사랑하고 결혼했습니다. 솔로몬은 후궁 700명, 첩을 300명 두었습니다. 결국 하나님의 말씀처럼 그들은 솔로몬이 나이 들어갈수록 그의 마음을 돌려 하나님과 멀어지게 만들었습니다. 솔로몬은 하나님이 아니라 시돈의 아스다롯과 암몬의 밀곰을 따르고, 모압의 그모스를 위해 산당을 짓고, 암몬의 몰록을 섬겼습니다. 아버지 다윗이 하나님을 온전히 따른 것처럼 하지 않고 이렇듯 하나님 앞에 악을 행했습니다. 하나님은 솔로몬에게 두 번이나 나타나 다른 신을 섬기지 말라고 명령하셨지만 솔로몬은 하나님의 말씀을 따르지 않았습니다. 그러자 하나님은 솔로몬의 행동에 분노하시고, 이스라엘을 솔로몬의 신하에게 넘기셨습니다. 한 지파는 솔로몬의 아들 르호보암에게 주고, 나머지 열 지파는 신하 여로보암에게 넘기셨습니다. 하나님의 백성은 솔로몬처럼 변심하지 않고 오직 하나님만 사랑해야 합니다.

친구들, 한 주간 잘 지냈나요? 오늘도 친구들과 함께 삶과 말씀을 나눌 수 있어 참 감사해요. 오늘은 9단원 2과를 함께 공부할 거예요. 2과 제목을 같이 읽어 볼까요? (공과 제목을 함께 읽는다.) 잘 읽어 주었어요. 오늘 배울 원 포인트도 함께 읽어 볼게요. (원 포인트를 함께 읽는다.) 잘 읽어 주었어요. 이제 설교 시간에 들은 말씀을 기억하며 Welcome 활동을 시작해 볼게요.

단어 설명	**통혼(通婚)** 서로 혼인을 맺는다는 뜻으로, 고대에는 평화를 유지하기 위해 양 부족(국가)이 혼인을 통한 동맹 관계를 맺는 경우가 많았어요.

Welcome

가장 사랑하는 것

내가 가장 사랑하는 게 무엇인지 생각해 보고, 친구들과 나눠 보세요.

Welcome 인도 가이드

우리 친구들이 가장 사랑하는 게 무엇인지 생각해 보고 교재에 적어 볼게요. (적는 시간을 준다.) 다 적었나요? 그러면 각자 무엇을 적었는지, 그것을 적은 이유는 무엇인지 나눠 볼게요. (자유롭게 이야기를 나눈다.) 잘 나눠 주었어요. 우리에겐 저마다 사랑하는 게 있어요. 그런데 문제는 때때로 그 사랑의 대상이 하나님보다 앞설 때가 있다는 거예요. 그렇게 하나님보다 앞서는 것이 있다면 결국에는 하나님보다 그 대상을 먼저 선택하게 될 수 있어요.

그렇다면 하나님이 우리에게 바라시는 사랑은 무엇인지 Adventure를 통해 살펴보도록 할게요.

Adventure

Adventure 인도 가이드

설교 시간에 들은 말씀을 떠올리며 다음 질문에 답하는 시간을 갖도록 해요. 첫 번째 질문에 대한 답을 적어 볼게요. (적는 시간을 준다.) 다 적었나요?

Q1 하나님은 이방인과의 결혼에 대해 어떻게 말씀하시나요? (2a절)

이방인과 통혼하지 말라고 하심

교사의 말 오래전부터 하나님은 이스라엘 백성에게 이방인과 통혼하지 말라고 하셨어요. 그렇게 말씀하신 이유는 이방인과 혼인하게 되면 그 이방인이 이스라엘 백성의 마음을 돌려 하나님이 아니라 다른 이방 신을 섬기도록 할 것이기 때문이에요.

Q2 하나님의 명령에도 솔로몬은 어떤 행동을 하나요? (2b~3a절)

이방인을 사랑했고 후궁 700명과 첩 300명을 두었음

교사의 말 솔로몬은 이방인과의 통혼을 금지하신 하나님의 말씀을 지키지 않았어요. 그는 이방인을 사랑하며 수많은 이방인 아내를 맞이했어요.

Q3 하나님을 향한 솔로몬의 마음은 어떻게 변했나요? (3b~4절)

이방 여인들이 왕의 마음을 돌려 다른 신들을 따르게 했으므로 솔로몬의 마음은 아버지 다윗의 마음과 같지 않음

교사의 말 솔로몬은 하나님의 말씀을 지키지 않고 이방 여인들과 혼인했어요. 그 결과 하나님의 말씀대로 그는 하나님에게서 마음을 돌려 이방 신들을 섬기게 돼요.

이 말씀을 가지고 Value 질문을 이어서 할게요.

Value

[모두 질문]

Q1 하나님이 이스라엘 백성과 이방인이 혼인하지 못하게 하신 이유는 무엇일까요?

교사의 말 이방인들은 배우자가 자신들의 신을 함께 섬기길 원하게 되고, 그들의 요구에 따르게 되면 하나님만 섬겨야 하는 이스라엘 백성은 우상숭배의 죄를 짓게 돼요. 이방인과의 결혼이 정치적으로나 전략적으로는 좋은 판단이었을 수 있지만 하나님은 이를 기뻐하지 않으셨어요.

[서로 질문]

Q2 하나님보다 더 사랑했던 대상이 있나요?

교사의 말 우리는 때로 하나님보다 더 사랑하는 대상이 생길 수 있어요. 가족이나 친구를 하나님보다 앞서 사랑할 수 있어요. 그런데 그렇게 하나님보다 다른 것을 앞서 사랑

하면 하나님의 뜻대로 살기보다 자신이 더 사랑하는 대상의 뜻대로 살게 될 수도 있어요. 친구가 원하는 대로, 가족이 원하는 대로 선택하게 되는 거예요. 그러나 하나님과 멀어지게 하는 사랑은 하나님이 기뻐하시는 사랑이 아니에요. 마지막 질문을 읽어 볼게요.

[개인 질문]

Q3 나는 하나님을 얼마나 사랑하고 있나요?

교사의 말 하나님이 기뻐하시는 모습으로 살기 위해 우리는 하나님을 가장 사랑해야 해요. 하나님을 가장 사랑하면 우리는 늘 하나님이 기뻐하시는 모습으로 살 방법을 고민하고, 그렇게 살기 위해 노력할 거예요. 하나님을 가장 사랑하여 늘 하나님이 기뻐하시는 모습으로 살아가는 우리 친구들이 되길 바라요. 그러면 그 마음을 아시는 하나님이 반드시 도와주실 거예요.

이제 Encourage 활동을 하도록 할게요.

Encourage

포기하기 어려울 정도로 사랑하는 게 있나요? 그 내용을 적고, 하나님을 가장 사랑하게 해 달라고 기도문을 작성해 보세요. 기도문을 가지고 기도하며 하나님을 가장 사랑하는 한 주간을 보내기로 해요.

기도 Mission

포기할 것들	기도문
내려놓겠습니다.	

Encourage 인도 가이드

현재 가장 사랑하는 게 무엇인지 생각해 보고, 교재 표 왼쪽에 적도록 해요. (적는 시간을 준다.) 잘했어요. 아래쪽을 보면 '내려놓겠습니다'라는 문장이 있어요. 포기하기 어려운 것을 내려놓도록 함께 결단하기로 해요. 그리고 이어서 옆 칸에 하나님을 가장 사랑하게 해 달라는 기도문을 적어 볼게요. (적는 시간을 준다.) 우리 친구들이 적은 내용을 보며 하나님을 가장 사랑하는 삶을 살게 해 달라고 기도하기로 해요. 한 주간 하나님을 가장 사랑하며 하나님의 큰 은혜를 누리는 친구들이 되길 바랄게요. 기도하고 9단원 2과 공과 공부를 마치도록 할게요.

기도 하나님, 감사합니다. 때때로 하나님이 아닌 다른 것을 사랑한 저를 용서해 주세요. 이제는 그 마음을 내려놓고 하나님만 사랑하기를 원합니다. 이 마음을 받아 주세요. 하나님만 사랑할 때 때로는 상황으로 말미암아 마음이 어려워질 수도 있지만, 그 가운데 하나님의 인도하심을 경험하게 해 주세요. 감사합니다. 사랑이 많으신 예수님의 이름으로 기도합니다. 아멘.

	평가 내용	상	중	하
1	인도자용 교재의 내용을 충분히 숙지한 후, 공과 공부를 인도했다.			
2	학생들이 성경의 내용을 이해하고 정확하게 숙지했다.			
3	학생들이 배운 내용을 바탕으로 실제적인 행동을 실천하기로 다짐했다.			
4	학생들의 공과 공부 참여도가 좋았다.			

9단원 3과

나의 마음을 하나님께로!

본문 열왕기상 12장 25~33절

암송 구절 "모든 지킬 만한 것 중에 더욱 네 마음을 지키라 생명의 근원이 이에서 남이니라"(잠언 4장 23절).

원 포인트 나의 마음이 하나님께로 향해야 한다.

학습 목표
1. 하나님의 백성은 하나님의 뜻대로 살아가야 함을 설명할 수 있다. (인지적 학습 목표)
2. 내 뜻이 아닌 하나님의 뜻대로 살기로 결단한다. (감성적 학습 목표)
3. 내 뜻이 아닌 하나님의 뜻대로 살기를 실천한다. (행동적 학습 목표)

교사 수첩

본문 묵상	기도	큐티	가정예배	심방

본문 묵상 노트	
본문 묵상	

심방 노트	
심방 내용 (기도 제목)	

본문 배경

솔로몬의 신하였던 느밧의 아들 여로보암은 솔로몬 왕에게 반역했습니다. 실로 사람 아히야의 예언을 통해 하나님은 여로보암에게 열 지파를 주시고 이스라엘을 다스리는 왕이 되리라고 말씀하셨습니다. 이로 말미암아 솔로몬이 여로보암을 죽이려고 하자, 그는 애굽으로 피신합니다. 그 뒤 왕이 된 솔로몬의 아들 르호보암이 이스라엘 백성에게 고된 노역을 시키자 백성은 반역하기 시작합니다. 그들은 애굽에서 돌아온 여로보암을 온 이스라엘의 왕으로 세웁니다. 여로보암은 세겜에 성을 세우고 백성을 다스리기 시작합니다. 하나님은 여로보암에게 모든 일에 다윗이 행한 것처럼 하면 그를 위해 견고한 집을 세우고 이스라엘을 주리라고 이미 약속하셨습니다. 그러나 여로보암은 그 약속을 믿지 않고 염려 때문에 자기 마음대로 행동하기 시작합니다. 절기마다 이스라엘 백성은 예루살렘의 성전에서 하나님께 예배를 드려야 했습니다. 여로보암은 백성이 절기를 지키기 위해 예루살렘에 다니다 보면 유다 왕 르호보암에게 마음이 기울 거라고 생각합니다. 이에 벧엘과 단에 두 개의 금송아지를 세우고 예루살렘이 아닌 곳에서 예배를 드리게 합니다. 왕이 백성에게 하나님이 아닌 우상을 섬기게 하는 일은 하나님 앞에서 매우 큰 죄입니다. 또한 여로보암은 레위인이 아닌 일반 백성 가운데서 제사장을 뽑았고, 하나님이 명한 절기가 아닌 자기 마음대로 정한 절기에 제물을 바치고 제사드리게 했습니다. 하나님이 여로보암을 왕으로 세우시고 하나님의 율법과 계명을 지키면 함께하시겠다고 했지만 그는 하나님께 마음을 향하지 않고 자기 마음대로 행했습니다.

친구들, 한 주간 잘 지냈나요? 오늘도 친구들과 함께 삶과 말씀을 나눌 수 있어 참 감사해요. 오늘은 9단원 3과를 함께 공부할 거예요. 3과 제목을 같이 읽어 볼까요? (공과 제목을 함께 읽는다.) 잘 읽어 주었어요. 오늘 배울 원 포인트도 함께 읽어 볼게요. (원 포인트를 함께 읽는다.) 잘 읽어 주었어요. 이제 설교 시간에 들은 말씀을 기억하며 Welcome 활동을 시작해 볼게요.

단어 설명	**금송아지(28절)** 어린 수소 모양으로 조각한 금 신상인데, 힘과 풍요를 가져다주는 신으로 여겨진 애굽의 우상이에요.

Welcome

"결정했어!"

내가 결정을 내릴 때 무엇을 기준으로 삼는지 생각해 보고,
그렇게 결정하는 이유를 친구들과 나눠 보세요.

Welcome 인도 가이드

중요한 일을 결정할 때 저마다 그런 결정을 내리는 기준이 있을 거예요. 우리 친구들은 그런 중요한 일 앞에서 어떤 기준으로 결정을 내리나요? 잠시 생각해 보고 교재에 적어 볼게요. (적는 시간을 준다.) 잘했어요. 우리 친구들 모두 각자의 다양한 기준이 있을 거예요. 부모님의 뜻대로 하는 친구도 있고, 친구들을 따라 결정한다는 친구도 있네요.

그런데 하나님의 백성이 가져야 하는 기준이 있어요. 그게 무엇인지 Adventure를 통해 살펴보도록 할게요.

Adventure

Adventure 인도 가이드

설교 시간에 들은 말씀을 떠올리며 다음 질문에 답하는 시간을 갖도록 해요. 첫 번째 질문에 대한 답을 적어 볼게요. (적는 시간을 준다.) 다 적었나요?

Q1 북이스라엘의 왕 여로보암이 근심하는 것은 무엇인가요? (27절)

백성이 예루살렘 성전에 제사를 드리러 가면 다시 유다 왕 르호보암에게로 돌아가지 않을까 걱정함

교사의 말 이스라엘 백성은 절기가 되면 예루살렘에 있는 성전으로 올라가 절기를 지켜야 했어요. 북이스라엘 왕 여로보암은 백성이 절기를 지키러 남유다 땅인 예루살렘으로 가는 것이 걱정됐어요. 자신의 왕권이 아직 굳건하다고 느끼지 못했기에 남유다 땅으로 가면 백성이 자신을 떠날 수 있다고 생각했기 때문이에요.

Q2 여로보암은 이스라엘 백성이 예루살렘에 가지 못하도록 무엇을 하나요? (28절)

두 금송아지를 만들어 예루살렘에 가지 않고 금송아지를 경배하게 함

교사의 말 여로보암은 이스라엘 백성이 예루살렘으로 가지 못하도록 두 금송아지를 만들었어요. 그리고 금송아지를 하나님이라고 칭하면서 하나님이 아닌 금송아지를 경배하게 해요.

Q3 두 금송아지를 경배하는 절기는 어떤 기준으로 정해졌나요? (33절)

여로보암의 마음대로

교사의 말 여로보암은 두 금송아지를 만들어 백성에게 이를 경배하게 했을 뿐 아니라 남유다에서 절기를 지키는 것처럼 북이스라엘에도 비슷한 절기를 만들어요. 그런데 그것은 하나님의 말씀을 기준으로 한 것이 아니었어요. 그는 하나님의 뜻과 상관없이 자기 마음대로 절기를 정했어요.

이 말씀을 가지고 Value 질문을 이어서 할게요.

Value

[서로 질문]

Q1 절기가 다가와 백성이 예루살렘으로 가려고 할 때, 여로보암은 어떤 마음이었을까요?

교사의 말 여로보암은 절기를 지키러 백성이 예루살렘으로 가게 되면 자신을 떠나 남유다 백성으로 돌아갈지도 모른다는 생각이 들어 두려웠을 거예요. 그는 두려움을 극복하기 위해 자기 나름의 방법을 고민하게 되었어요.

[서로 질문]

Q2 두 금송아지를 만들겠다는 해결책을 낸 후 여로보암의 마음은 어땠을까요?

교사의 말 여로보암은 해결책을 찾았다는 생각에 기뻤을 수도 있어요. 여로보암에게는 백성

이 떠나는 두려움이 하나님을 떠나 사는 삶에 대한 두려움보다 컸던 거예요. 그래서 결국 우상숭배를 하는 죄를 범하게 되었어요. 그러나 성경은 우상숭배에 대해 다음과 같이 분명하게 말하고 있어요. "너를 위하여 새긴 우상을 만들지 말고 또 위로 하늘에 있는 것이나 아래로 땅에 있는 것이나 땅 아래 물 속에 있는 것의 어떤 형상도 만들지 말며 그것들에게 절하지 말며 그것들을 섬기지 말라 나 네 하나님 여호와는 질투하는 하나님인즉 나를 미워하는 자의 죄를 갚되 아버지로부터 아들에게로 삼사 대까지 이르게 하거니와"(출 20:4~5). 하나님은 하나님이 아닌 다른 신을 섬기는 죄를 반드시 갚으신다고 말씀하셨어요. 실제로 북이스라엘은 죄악에 빠지고 하나님의 심판으로 나라가 망하게 돼요.

[개인 질문]

Q3 어려운 일이 생기면 어떤 기준으로 선택해야 하나요?

교사의 말 여로보암이 자기 마음대로 정한 기준으로 말미암아 결국 나라 전체가 죄악에 빠지게 돼요. 이 세상을 창조하신 분은 하나님이에요. 그러므로 이 세상을 가장 잘 이해하고 인도하시는 분 역시 하나님이에요. 우리는 이 사실을 기억해야 해요. 이 세상을 지으신 분이 하나님이기에 하나님의 뜻, 즉 하나님의 말씀대로 사는 길이 우리에게 가장 안전하고 좋은 길이에요.

내 마음 NO!

하나님의 말씀대로 살겠다고 결단하는 시간을 가지려고 해요. 이제 Encourage 활동을 하도록 할게요.

Encourage

가정과 학교에서 하나님과 상관없이 나의 마음대로 했던 일을 적어 보세요. 그 내용을 하나님이 기뻐하시는 모습으로 개선하여 적고, 한 주간 실천해 보세요.

개선 Mission

내 마음대로 했던 것들	
가정	학교

어떻게 개선하나요?	
가정	학교

Encourage 인도 가이드

가정과 학교에서 우리는 내 마음대로 행동할 때가 참 많아요. 이 시간에 가정이나 학교에서 하나님과 상관없이 내 마음대로 했던 일을 다음 표에 적어 보도록 할게요. (적는 시간을 준다.) 적었다면 그 행동을 하나님 보시기에 좋은 모습으로 개선할 방법을 생각하는 시간을 갖도록 할게요. 잠시 생각해 보고 다음 칸에 적어 보세요. (적는 시간을 준다.) 적은 대로 한 주간 내 마음대로 사는 게 아니라 하나님이 기뻐하시는 모습으로 살아가기를 바라요. 기도하고 9단원 3과 공과 공부를 마치도록 할게요.

기도 하나님, 지난 모습을 돌이켜 생각해 보면 하나님과 상관없이 내 생각과 뜻대로 살고자 할 때가 많았음을 고백합니다. 내 뜻과 내 생각대로 사는 게 아니라 하나님의 뜻대로 살아가게 해 주세요. 이를 위해 마음의 중심에 하나님을 두기 원해요. 늘 우리 마음 가운데 찾아와 주셔서 하나님이 기뻐하시는 모습으로 살아갈 수 있게 해 주세요. 그렇게 살아가도록 힘 주실 줄 믿습니다. 감사합니다. 사랑이 많으신 예수님의 이름으로 기도합니다. 아멘.

	평가 내용	상	중	하
1	인도자용 교재의 내용을 충분히 숙지한 후, 공과 공부를 인도했다.			
2	학생들이 성경의 내용을 이해하고 정확하게 숙지했다.			
3	학생들이 배운 내용을 바탕으로 실제적인 행동을 실천하기로 다짐했다.			
4	학생들의 공과 공부 참여도가 좋았다.			

9단원 4과

하나님 앞에서

본문 **열왕기상 15장 9~15절**

암송 구절 "하나님이여 내 속에 정한 마음을 창조하시고 내 안에 정직한 영을 새롭게 하소서"(시편 51편 10절).

원 포인트 하나님 앞에 정직해야 한다.

학습 목표
1. 하나님 앞에 정직해야 함을 설명할 수 있다. (인지적 학습 목표)
2. 하나님 앞에 정직하게 살기로 결단한다. (감성적 학습 목표)
3. 하나님 앞에 정직하게 살기를 실천한다. (행동적 학습 목표)

교사 수첩

본문 묵상	기도	큐티	가정예배	심방
본문 묵상 노트				
본문 묵상				
심방 노트				
심방 내용 (기도 제목)				

본문 배경

여로보암이 이스라엘의 왕으로 있은 지 20년째 되는 해에 아비얌의 아들 아사가 유다의 왕이 되었습니다. 아사는 그의 조상 다윗과 같이 하나님 보시기에 정직하게 행했습니다. 그는 성전에 있는 남자 창기들을 나라 밖으로 쫓아버리고, 그의 할아버지 르호보암과 아버지 아비얌이 유다 땅에 만든 온갖 우상을 없애 버렸습니다. 그리고 성전의 보존을 위해 거룩한 물건과 금, 은, 그릇들을 들여놓았습니다. 아사 왕은 아세라 우상을 만든 할머니 마아가를 태후의 자리에서 물러나게 했습니다. 아무리 왕의 할머니라도 우상을 숭배하면 책임 추궁을 면할 수 없었던 것입니다. 그는 아세라 우상을 찍어서 기드론 시냇가에서 불살랐습니다. 아사 왕은 그만큼 하나님을 향한 마음이 각별했습니다. 성경은 유다를 다스리는 41년 동안 그의 마음이 일평생 하나님께 온전하며 충성했다고 말합니다. 그는 하나님 앞에서 정직하게 행했는데, 여기서 정직하다는 것은 하나님 앞에서 올바르고 바른 마음을 가지고 행함을 뜻합니다. 하나님의 사람은 유다 왕 아사처럼 하나님 앞에서 정직해야 합니다.

친구들, 한 주간 잘 지냈나요? 오늘도 친구들과 함께 삶과 말씀을 나눌 수 있어 참 감사해요. 오늘은 9단원 4과를 함께 공부할 거예요. 4과 제목을 같이 읽어 볼까요? (공과 제목을 함께 읽는다.) 잘 읽어 주었어요. 오늘 배울 원 포인트도 함께 읽어 볼게요. (원 포인트를 함께 읽는다.) 잘 읽어 주었어요. 이제 설교 시간에 들은 말씀을 기억하며 Welcome 활동을 시작해 볼게요.

Welcome

"어떡하지?"

하나님이 기뻐하시는 모습이 무엇인지 알지만, 주변 친구들 때문에 마음이 흔들렸던 적이 있나요? 그 경험을 친구들과 나눠 보세요.

Welcome 인도 가이드

하나님이 기뻐하시는 모습이 무엇인지 알지만, 친구들 때문에 마음이 흔들렸던 적이 있나요? 이 시간 그런 경험이 있는지 생각해 보고 있다면 적어 볼게요. (적는 시간을 준다.) 다 적었으면 친구들과 나눠 볼게요. (자유롭게 이야기를 나눈다.) 예를 들면 밥을 먹기 전 기도하는 것이 어려운 친구가 있을 수 있어요. 또한 괴롭힘당하는 친구를 도와주고 싶지만 그렇게 하기 어려울 수도 있어요.

주변의 시선 때문에 하나님이 기뻐하시는 모습대로 살기 어려울 때 어떻게 해야 할지 Adventure를 통해 살펴보도록 할게요.

Adventure

Adventure 인도 가이드

설교 시간에 들은 말씀을 떠올리며 다음 질문에 답하는 시간을 갖도록 해요. 첫 번째 질문에 대한 답을 적어 볼게요. (적는 시간을 준다.) 다 적었나요?

Q1 유다 왕 아사는 하나님이 보시기에 어떻게 행했나요? (11절)

정직하게 행함

교사의 말 유다 왕 아사는 하나님이 보시기에 정직하게 행했어요. 여기서 정직하다는 말은 마음이 곧고 바르다는 뜻이에요. 즉 아사는 하나님이 보시기에 마음이 곧고 바르게 행했어요.

Q2 왕이 된 아사가 행한 일은 무엇인가요? (12~13절)

남색하는 자를 쫓아내고, 우상을 없애고, 아세라 상을 만든 마아가를 태후의 자리에서 폐하고, 우상을 찍어 기드론 시냇가에서 불사름

교사의 말 아사는 하나님이 기뻐하시지 않는 남색하는 사람, 즉 동성애의 죄를 범한 사람을 쫓아냈어요. 또 우상인 아세라 상을 만든 할머니(개역개정에서는 '어머니') 마아가를 태후의 자리에서 폐했어요. 또한 우상을 찍어 기드론 시냇가에서 불살랐어요. 이를 통해 알 수 있듯 아사에게 중요한 건 하나님의 말씀이었어요.

Q3 성경은 아사의 마음이 어떠했다고 이야기하나요? (14b절)

일평생 여호와 앞에 온전하였음

교사의 말 성경은 그 무엇보다 온전히 하나님의 말씀을 따랐던 아사에 대해 "아사의 마음이 일평생 여호와 앞에 온전하였으며"(14b절)라고 표현해요. 그는 주변의 소리로 말미암아 흔들리지 않고 하나님의 말씀에 순종하는 모습을 보였기에 이렇게 표현한 거예요.

이 말씀을 가지고 Value 질문을 이어서 할게요.

Value

[모두 질문]

Q1 가족에게 피해를 줘야 함에도 하나님의 뜻을 지키려는 아사를 보고 어떤 생각이 들었나요?

교사의 말 자기 가족에게 피해가 간다면 하나님의 뜻에 어긋난다고 해도 문제를 해결하기가 쉽지 않았을 거예요. 그러나 아사는 그 무엇보다 하나님의 뜻이 중요했기에 하나님이 기뻐하시는 바른 선택을 할 수 있었어요.

[서로 질문]

Q2 아사는 일평생 하나님 앞에 온전하게 행했어요. 하나님 앞에 흔들리지 않고 온전하게 행한 아사의 삶은 어땠을까요?

교사의 말 성경 말씀에는 그의 삶이 짧게 기록되어 있지만, 일평생 하나님 앞에 온전하게 행하는 건 어려운 일이었을 거예요. 그러나 아사는 그런 삶을 감당했고, 그 결과 믿음을 지킨 사람이라는 평가를 받게 돼요.

[개인 질문]

Q3 하나님이 기뻐하시는 모습이 무엇인지 알고 있나요? 주변의 시선에 흔들리지 않고 한평생 말씀대로 살기 위해서는 어떻게 해야 할까요?

교사의 말 주변의 시선에도 아랑곳하지 않고 하나님이 기뻐하시는 삶을 살아가는 방법은 하나님의 시선에 집중하는 거예요. 아사가 하나님 보시기에 좋은 방법을 따라갔듯 우리도 주변 사람들이 아니라 하나님의 시선에 집중해야 해요. 그렇게 집중할 때 변화된 삶을 살 수 있어요.

하나님께 시선을 고정하는, 이전과 다른 변화된 삶을 기대하며 이제 Encourage 활동을 할게요.

Encourage

지금 나의 시선이 어디에 고정되어 있는지 적어 보세요. 그 시선을 내려놓고 하나님께 시선을 고정하는 나의 모습을 소망하며, 한 주간 말씀을 암송해 보세요.

암송 Mission

"하나님이여 내 속에 정한 마음을 창조하시고 내 안에 정직한 영을 새롭게 하소서"(시 51:10).

내려놓을 나의 시선

Encourage 인도 가이드

하나님은 우리가 정직하길 원하세요. 정직한 마음은 하나님 앞에 온전히 행하는 모습이에요. 이 시간 하나님 앞이 아니라 다른 것에 집중하는 시선이 있다면 교재에 적어 볼게요. (적는 시간을 준다.) 다 적었으면 한 주간 하나님께 시선을 고정하기 위해 말씀을 믿고 암송하도록 할게요. 성경 말씀처럼 하나님이 우리 마음에 정직한 영을 새롭게 해 주셔서 하나님 앞에 정직하게 살아가길 바라요. 기도하고 9단원 4과 공과 공부를 마치도록 할게요.

기도 하나님, 주변 사람들의 시선에 집중하며 살던 우리를 용서해 주세요. 오늘 말씀을 통해 하나님 앞에서 정직하게 행해야 함을 배웠어요. 성경 말씀처럼 하나님 앞에 바른 모습으로 살아가도록 한 주간 꼭 붙들어 주세요. 그래서 한 주간 하나님 보시기에 좋은 모습으로 살아가기를 소망해요. 감사합니다. 사랑이 많으신 예수님의 이름으로 기도합니다. 아멘.

	평가 내용	상	중	하
1	인도자용 교재의 내용을 충분히 숙지한 후, 공과 공부를 인도했다.			
2	학생들이 성경의 내용을 이해하고 정확하게 숙지했다.			
3	학생들이 배운 내용을 바탕으로 실제적인 행동을 실천하기로 다짐했다.			
4	학생들의 공과 공부 참여도가 좋았다.			

10 단원

The Rule of the Kingdom of God #2

10단원 1과

아픔에서 아버지 품으로

본문 열왕기상 17장 17~24절

암송 구절 "고난 당한 것이 내게 유익이라 이로 말미암아 내가 주의 율례들을 배우게 되었나이다"(시편 119편 71절).

원 포인트 고난은 하나님을 알게 한다.

학습 목표
1. 고난은 하나님을 알게 한다는 사실을 설명할 수 있다. (인지적 학습 목표)
2. 고난이 올 때 하나님을 의지하며 살기로 결단한다. (감성적 학습 목표)
3. 고난이 올 때 하나님을 의지하며 살기를 실천한다. (행동적 학습 목표)

교사 수첩

본문 묵상	기도	큐티	가정예배	심방

본문 묵상 노트	
본문 묵상	

심방 노트	
심방 내용 (기도 제목)	

본문 배경

그릿 시냇가에 숨어 까마귀를 통해 떡과 고기를 먹으며 지내던 엘리야에게 하나님의 말씀이 다시 임합니다. 시돈에 있는 사르밧으로 가라는 명령이었습니다. 사르밧은 당시 산업 중심지였는데, 하나님의 명령은 그릿 시냇가에서 고생한 엘리야를 물자가 풍부한 곳으로 보내시는 것처럼 보였습니다. 그러나 바알과 아세라를 섬기던 사르밧은 극심한 가뭄을 겪는 중이었습니다. 그곳에서 하나님의 말씀에 따라 한 과부를 만난 엘리야는 과부에게 양식을 청합니다. 과부는 극심한 가뭄으로 양식이 마지막 한 번 먹을 정도만 남았다고 말합니다. 그러나 엘리야는 이를 자신에게 먼저 주고, 그다음에 아들과 떡을 만들어 먹으라고 합니다. 그런 과부에게 하나님이 양식을 주실 거라고 예언합니다. 과부는 엘리야의 말대로 행합니다. 하나님은 말씀하신 대로 과부의 집에 양식이 떨어지지 않게 해 주십니다. 그런데 2일 뒤에 과부의 아들이 병들어 죽게 됩니다. 과부는 거룩한 하나님의 사람 엘리야가 오니 하나님이 과부의 죄를 기억하셔서 심판을 받게 되었다고 생각합니다. 엘리야가 오지 않았으면 하나님이 지나가셨을 텐데 그가 와서 이렇게 되었다고 생각합니다. 그녀의 울부짖는 모습을 본 엘리야는 아들을 데리고 다락으로 올라가 하나님께 간절히 기도합니다. 엘리야에게는 모든 생사화복의 주권자가 하나님이시라는 믿음이 있었습니다. 하나님은 엘리야의 기도를 들으시고 과부의 죽은 아들을 살려 주십니다. 하나님의 초자연적 능력과 기적을 보여 주십니다. 하나님은 아들의 죽음이라는 고난 가운데서 힘들어하는 이방 여인에게 큰 은혜를 베푸십니다. 또한 하나님이 참 신이라는 것을 보여 주십니다. 결국 이방 여인은 고난을 통해 하나님이 진짜 하나님이시라고 고백합니다(24절).

친구들, 한 주간 잘 지냈나요? 오늘도 친구들과 함께 삶과 말씀을 나눌 수 있어 참 감사해요. 오늘은 10단원 1과를 함께 공부할 거예요. 1과 제목을 같이 읽어 볼까요? (공과 제목을 함께 읽는다.) 잘 읽어 주었어요. 오늘 배울 원 포인트도 함께 읽어 볼게요. (원 포인트를 함께 읽는다.) 잘 읽어 주었어요. 이제 설교 시간에 들은 말씀을 기억하며 Welcome 활동을 시작해 볼게요.

단어 설명 **부르짖어(20절)** 하나님께 큰 소리로 외치며 구원을 호소하는 행위를 말해요.

Welcome

가장 힘들었던 일

나를 가장 힘들게 했던 일을 생각해 보고, 그때의 상황을 친구들과 나눠 보세요.

Welcome 인도 가이드

살다 보면 혼자 감당하기에 너무 힘든 일을 경험할 때가 있어요. 친구와의 관계든, 가정에서의 문제든 내가 겪은 힘들었던 일에 대해 생각해 보고 교재에 적어 볼게요. (적는 시간을 준다.) 다 적었으면 친구들과 나눠 볼게요. (자유롭게 이야기를 나눈다.) 나눠 줘서 고마워요.

오늘 말씀에 친구들이 겪은 것처럼 큰 괴로움 가운데 있던 인물이 나와요. Adventure를 통해 그 인물에 대해 살펴보도록 할게요.

Adventure

Adventure 인도 가이드

설교 시간에 들은 말씀을 떠올리며 다음 질문에 답하는 시간을 갖도록 해요. 첫 번째 질문에 대한 답을 적어 볼게요. (적는 시간을 준다.) 다 적었나요?

Q1 사르밧 과부에게 찾아온 고통스러운 상황은 무엇이었나요? (17절)

아들이 병들어 증세가 심히 위중하다가 숨이 끊어짐

교사의 말 사르밧 과부의 아들이 병들어 죽고 말았어요. 아들의 죽음은 그 여인에게 무엇보다 고통스러운 상황이었을 거예요.

Q2 엘리야는 과부의 아이를 살리기 위해 어떻게 하나요? (20~21절)

아이의 혼이 몸에 돌아오게 해 달라고 여호와께 부르짖음

교사의 말 엘리야는 과부의 아들이 죽게 되자 하나님께 부르짖어요. 그 아들의 죽음을 슬퍼하며 그 혼이 다시 육체로 돌아오게 해 달라고 간절히 부르짖어요. 성경은 엘리야가 두 번이나 하나님 앞에 부르짖었다고 말하고 있어요.

Q3 엘리야의 기도를 들으신 하나님은 어떻게 응답하시나요? (22절)

아이의 혼이 몸으로 돌아와 다시 살아나게 하심

교사의 말 하나님은 엘리야가 부르짖은 기도의 내용처럼 과부의 아들의 혼을 다시 육체로 돌아오게 하셔서 그 아들을 살리셨어요. 엘리야의 간절한 기도를 들어주신 거예요.

이 말씀을 가지고 Value 질문을 이어서 할게요.

Value

[서로 질문]

Q1 아들이 병들어 죽었을 때 사르밧 과부는 어떤 마음이었을까요?

교사의 말 아들이 죽었다는 사실은 사르밧 과부에게 엄청난 괴로움을 안겨 주었을 거예요. 모든 것을 자신의 잘못으로 여겼을 수도 있어요. 성경 말씀에 따르면 과부는 이렇게 말하고 있어요. "하나님의 사람이여 당신이 나와 더불어 무슨 상관이 있기로 내 죄를 생각나게 하고 또 내 아들을 죽게 하려고 내게 오셨나이까"(18절). 과부는 자신의 죄 때문에 아들이 죽었다고 생각하며 자녀를 잃은 고통을 표현했어요.

[서로 질문]

Q2 해결할 수 없다고 생각되는 상황임에도 하나님께 부르짖는 엘리야를 보면서 어떤 생각이 드나요?

교사의 말 우리 힘으로 해결할 수 없는 그 상황이 바로 하나님이 일하시는 순간이에요. 엘리야는 자신의 힘으로 해결할 수 없는 그 순간 하나님께 부르짖었어요. 이처럼 하나님께 간절히 부르짖을 때 우리는 하나님의 일하심을 볼 수 있어요.

[개인 질문]

Q3 아무것도 할 수 없는 막막한 순간이 찾아올 때 누구를 의지해야 하나요?

교사의 말 인생에서 우리 힘으로 아무것도 할 수 없는 순간 우리가 부르짖어야 할 대상은 바로 하나님이에요. 우리 힘으로 안 될 때 하나님을 바라보고 하나님께 구한다면 우리는 생각지 못한 방식으로 일하시는 하나님을 경험하게 될 거예요. 막막한 상황 가운데 있을 때 하나님의 일하심을 믿고 의지하는 우리 친구들이 되었으면 좋겠어요.

하나님이 놀라운 방법으로 우리에게 승리를 주실 것을 기대하며 Encourage 활동을 하도록 할게요.

Encourage

하나님은 우리가 아무것도 할 수 없는 그 순간에 일하세요. 내가 해결할 수 없다고 생각되는 상황을 적고, 생각지 못한 방법으로 일하실 하나님을 기대하며 기도문을 작성해 보세요.

기도 Mission

나의 상황	기도문

Encourage 인도 가이드

하나님은 우리가 아무것도 할 수 없는 때에 일하세요. 내 힘으로는 어떻게 할 수 없는 상황을 생각해 보고 그 상황을 적어 볼게요. (적는 시간을 준다.) 다 적었으면 친구들과 각자의 상황을 나눠 보도록 할게요. (나누는 시간을 준다.) 나눠줘서 고마워요. 우리가 아무것도 할 수 없는 그때 일하실 하나님을 기대하며 기도문을 적어 볼게요. (적는 시간을 준다.) 우리 각자가 쓴 기도문을 통해 늘 기도하며 하나님의 일하심을 경험하는 한 주가 되길 소망해요. 기도하고 10단원 1과 공과 공부를 마치도록 할게요.

기도 하나님, 우리가 아무것도 할 수 없는 그때가 바로 하나님이 일하시는 때임을 배웠습니다. 각자의 상황을 놓고 하나님께 기도합니다. 들어주시고 응답해 주세요. 그래서 간절히 부르짖을 때 우리의 기도를 들으시는 하나님을 경험하는 한 주가 되게 해 주세요. 감사합니다. 사랑이 많으신 예수님의 이름으로 기도합니다. 아멘.

	평가 내용	상	중	하
1	인도자용 교재의 내용을 충분히 숙지한 후, 공과 공부를 인도했다.			
2	학생들이 성경의 내용을 이해하고 정확하게 숙지했다.			
3	학생들이 배운 내용을 바탕으로 실제적인 행동을 실천하기로 다짐했다.			
4	학생들의 공과 공부 참여도가 좋았다.			

10단원 2과

여호와만 참 하나님

본문 **열왕기상 18장 30~40절**

암송 구절 "여호와가 우리 하나님이신 줄 너희는 알지어다 그는 우리를 지으신 이요 우리는 그의 것이니 그의 백성이요 그의 기르시는 양이로다"(시편 100편 3절).

원 포인트 여호와만 참 하나님이시다.

학습 목표
1. 여호와만 참 하나님이심을 설명할 수 있다. (인지적 학습 목표)
2. 여호와만 참 하나님이심을 전하기로 결단한다. (감성적 학습 목표)
3. 여호와만 참 하나님이심을 전하기를 실천한다. (행동적 학습 목표)

교사 수첩

본문 묵상	기도	큐티	가정예배	심방

본문 묵상 노트	
본문 묵상	

심방 노트	
심방 내용 (기도 제목)	

본문 배경

아합이 여호와를 따르지 않고 바알을 섬기자 하나님은 이스라엘에 큰 가뭄을 내리셨습니다. 큰 가뭄 가운데 하나님은 엘리야를 아합에게 보내십니다. 엘리야는 아합에게 북이스라엘 백성과 바알 선지자 450명, 아세라 선지자 400명을 갈멜산으로 모아 달라고 요청합니다. 엘리야는 그곳에 모인 이스라엘 백성에게 "너희가 어느 때까지 둘 사이에서 머뭇머뭇 하려느냐 여호와가 만일 하나님이면 그를 따르고 바알이 만일 하나님이면 그를 따를지니라"(21절)라고 말합니다. 엘리야는 바알 선지자들에게 장작 위에 제물을 올린 뒤 그곳에 불을 내리는 신이 참 신임을 인정하자고 제안합니다. 바알 숭배자들은 바알이 비와 번개를 다스린다고 믿었습니다. 따라서 엘리야의 제안이 자신들한테 유리할 거라고 생각합니다. 먼저 바알 선지자들이 바알에게 불을 내려 달라고 기도합니다. 아침부터 저녁이 될 때까지 큰 소리로 바알을 불렀지만 바알은 응답하지 않았습니다. 마침내 엘리야의 순서가 돌아왔습니다. 엘리야는 열두 지파의 수대로 돌 12개를 취해 무너진 여호와의 제단을 다시 쌓고, 그 제단 주위에 작은 도랑을 팠습니다. 그는 장작 위에 제물을 올리고, 항아리 4개에 물을 가득 채워 제물과 장작 위에 반복해 세 차례나 부었습니다. 엘리야는 제단 앞에 나아가 하나님께 기도합니다(36절). 그리고 엘리야의 기도에 하나님이 응답하셨습니다. 하늘에서 불이 내려와 번제물과 나무, 돌, 흙을 태우고 도랑의 물까지 핥았습니다. 그 모습을 지켜본 이스라엘 백성은 그제야 여호와가 참 하나님이심을 고백했습니다. 우리는 세상과 하나님 사이에서 머뭇거리지 말고, 여호와가 참 하나님이심을 믿고 고백하며 살아야 합니다.

친구들, 한 주간 잘 지냈나요? 오늘도 친구들과 함께 삶과 말씀을 나눌 수 있어 참 감사해요. 오늘은 10단원 2과를 함께 공부할 거예요. 2과 제목을 같이 읽어 볼까요? (공과 제목을 함께 읽는다.) 잘 읽어 주었어요. 오늘 배울 원 포인트도 함께 읽어 볼게요. (원 포인트를 함께 읽는다.) 잘 읽어 주었어요. 이제 설교 시간에 들은 말씀을 기억하며 Welcome 활동을 시작해 볼게요.

단어 설명	**여호와의 이름(32절)** 하나님의 거룩한 성품과 인격, 존재와 능력, 영광과 권위 등을 나타내며, 그 이름을 의지하는 자는 은혜를 얻게 돼요.

Welcome

나의 모습

하나님을 믿지 않는 친구들 앞에서 나는 어떤 모습인지 생각해 보고, 친구들과 나눠 보세요.

Welcome 인도 가이드

학교나 학원에 가면 하나님을 믿지 않는 친구들이 있을 거예요. 교회에서의 모습이 아니라 믿지 않는 친구들 앞에서 우리 친구들의 모습은 어떤가요? 한번 생각해 보고 교재에 적어 볼게요. (적는 시간을 준다.) 다 적었으면 친구들과 나눠 볼게요. (자유롭게 이야기를 나눈다.) 잘 나눠 주었어요.

우리가 사는 세상에는 믿지 않는 수많은 친구가 있어요. 그런 친구들 앞에서 우리는 어떻게 살아가야 하는지 Adventure를 통해 살펴보도록 할게요.

Adventure

Adventure 인도 가이드

설교 시간에 들은 말씀을 떠올리며 다음 질문에 답하는 시간을 갖도록 해요. 첫 번째 질문에 대한 답을 적어 볼게요. (적는 시간을 준다.) 다 적었나요?

Q1 엘리야는 무엇을 의지하여 제단을 쌓나요? (32절)

여호와의 이름

교사의 말 엘리야는 바알과 아세라를 따르는 선지자들 앞에서 제단을 쌓을 때 하나님의 이름을 의지했어요. 엘리야는 이 싸움에서 승리를 가져다주실 분이 누구인지 분명히 알고 있었어요. 우리도 하나님의 이름만이 완전한 승리를 줄 수 있음을 알고, 하나님의 이름을 의지해야 해요.

Q2 엘리야는 제단 위에 송아지를 올려놓은 다음에 무엇을 하나요? (33~34절)

통 넷에 물을 채워 번제물과 나무 위에 붓는 행동을 세 번 함

교사의 말 엘리야는 반드시 제단 위에 불이 붙도록 해야 했어요. 그래야 바알과 아세라를 따르는 선지자들 앞에서 하나님이 진정한 하나님이심을 선포할 수 있기 때문이에요. 그런데 엘리야는 이해할 수 없는 행동을 해요. 제단 위에 계속 물을 붓는 행동을 한 거예요. 엘리야의 이해할 수 없는 행동 이후 이 승부는 어떻게 승패가 났을까요? 세 번째 질문을 함께 읽도록 할게요.

Q3 엘리야의 기도에 하나님은 어떻게 응답하시나요? (38절)

여호와의 불이 내려서 번제물과 나무, 돌, 흙을 태우고 도랑의 물을 핥음

교사의 말 제단 위에 물이 넘치게 있었음에도 하나님은 엘리야가 믿음의 고백을 했을 때 응답하셨어요. 제단 위의 모든 것을 태우고 심지어 불이 물을 핥았다고 표현될 정도로 불길이 모든 것을 덮었어요. 하나님이 참 하나님 되심을 모든 사람 앞에서 보여주신 거예요.

이 말씀을 가지고 Value 질문을 이어서 할게요.

Value

[모두 질문]

Q1 바알과 아세라를 섬기는 수많은 신지자 앞에 홀로 서 있는 엘리야의 마음은 어땠을까요?

교사의 말 모두가 이방 신을 섬기며 하나님을 따르지 않는 상황이 엘리야에게 편안하지 않았을 거예요. 또한 홀로 있다는 압박이 그를 외롭고 괴롭게 만들었을 거예요.

[서로 질문]

Q2 홀로 있음에도 믿음의 기도와 선포를 했던 엘리야를 보며 어떤 생각이 드나요?

교사의 말 엘리야는 이방 신을 섬기는 수많은 선지자 앞에서 믿음의 선포를 했어요. 그만큼

엘리야는 하나님이 참 하나님이심을 알고 믿었던 거예요. 그렇기에 하나님만이 하실 수 있다는 확신으로 구하고 선포한 거예요.

[개인 질문]

Q3 하나님만이 이 세상을 창조하신 참 하나님이세요. 하나님을 믿지 않는 친구들 사이에 있더라도 무엇을 의지하며 살아가야 하나요?

교사의 말 하나님은 이 세상을 창조하신 진정한 신, 참 하나님이세요. 그렇기에 이 세상에서 우리가 두려워해야 하는 건 믿지 않는 수많은 친구가 아니라 하나님 한 분뿐이에요. 믿지 않는 친구들이 하나님에 대해 잘못된 이야기를 하더라도 우리는 분명히 하나님만이 참 하나님이심을 믿고 선포해야 해요. 하나님이 참 하나님이시라는 사실을 기억하며 하나님만 의지하는 친구들이 되길 소망해요.

창조주 하나님을 신뢰하며 의지하는 Encourage 활동을 해 보도록 할게요.

Encourage

하나님은 이 세상을 창조하신 하나님이세요. 이 사실을 전할 친구를 세 명 정하여 언제, 어떻게 전도할지 적고, 한 주간 실천해 보세요.

전도 Mission

전도 대상자	전도 방법(언제, 어떻게)

Encourage 인도 가이드

하나님은 이 세상을 창조하신 하나님이세요. 이 사실을 전할 친구 세 명의 이름을 적고 나서 그 친구들에게 언제, 어떻게 전할지 적어 볼게요. (적는 시간을 준다.) 다 적었으면 적은 내용을 나눠 주세요. (나누는 시간을 준다.) 귀한 우리 친구들의 결단처럼 하나님을 힘 있게 선포하는 한 주가 되길 소망해요. 기도하고 10단원 2과 공과 공부를 마치도록 할게요.

기도 하나님만이 이 세상을 지으신 참 하나님이심을 믿습니다. 하나님을 전하는 한 주가 되길 원합니다. 학교, 학원, 가정 등 우리가 있는 모든 곳에서 하나님을 전할 수 있는 능력을 주세요. 그리하여 하나님만이 영광 받으시는 한 주가 되길 원해요. 그렇게 살아가도록 도와주세요. 감사합니다. 사랑이 많으신 예수님의 이름으로 기도합니다. 아멘.

	평가 내용	상	중	하
1	인도자용 교재의 내용을 충분히 숙지한 후, 공과 공부를 인도했다.			
2	학생들이 성경의 내용을 이해하고 정확하게 숙지했다.			
3	학생들이 배운 내용을 바탕으로 실제적인 행동을 실천하기로 다짐했다.			
4	학생들의 공과 공부 참여도가 좋았다.			

10단원 3과

죄, 감출 수 없음!

본문 **열왕기상 21장 17~29절**

암송 구절 "자기의 죄를 숨기는 자는 형통하지 못하나 죄를 자복하고 버리는 자는 불쌍히 여김을 받으리라"(잠언 28장 13절).

원 포인트 하나님은 나의 모든 죄를 아시는 분이다.

학습 목표
1. 하나님은 나의 모든 죄를 아시는 분임을 설명할 수 있다. (인지적 학습 목표)
2. 나의 죄를 하나님 앞에 고백하기로 결단한다. (감성적 학습 목표)
3. 죄에서 벗어나 살기를 실천한다. (행동적 학습 목표)

교사 수첩

본문 묵상	기도	큐티	가정예배	심방

본문 묵상 노트	
본문 묵상	

심방 노트	
심방 내용 (기도 제목)	

본문 배경

이스르엘에 있는 아합 왕의 왕궁 곁 가까운 곳에 나봇의 포도원이 있었습니다. 그 포도원에 관심을 가졌던 아합은 나봇에게 좋은 조건을 제시하며 포도원을 자기에게 넘기라고 제안합니다. 그러나 나봇은 포도원이 아버지의 유산이므로 줄 수 없다고 그 제안을 거절합니다. 하나님이 유산으로 받은 포도원을 다른 사람에게 넘겨주는 것을 금하셨기 때문입니다(3절). 아합은 나봇의 말에 실망하고 기분이 나빠 음식도 먹지 않고 누워 있었습니다. 왕비 이세벨은 아합에게 나봇의 이야기를 듣고, 그의 포도원을 뺏을 계획을 세웁니다. 이세벨은 나봇과 함께 사는 장로들과 귀족들을 자기 공모자로 끌어들이고, 두 명의 거짓 증인을 세워 거짓 증언을 하게 합니다. 나봇이 하나님과 왕을 저주했다는 두 사람의 거짓 증언으로 나봇은 율법에 따라 돌에 맞아 죽게 됩니다. 일반적으로 처형당한 자의 재산이 왕에게 돌아가기 때문에 아합은 나봇의 포도원을 차지하려고 내려갑니다. 이때 엘리야에게 하나님의 말씀이 임합니다. 엘리야는 나봇이 피를 흘린 곳에서 아합이 죽게 되고 이세벨도 죽어 성벽에서 개들이 먹어 치울 거라는 하나님의 말씀을 전합니다(19, 23절). 엘리야의 말을 들은 아합은 자신의 옷을 찢고 베옷을 입고 금식하며 풀이 죽어 다녔습니다. 하나님은 아합의 그런 모습을 보시고, 아합의 당대가 아니라 아들 대에 재앙을 내릴 것이라고 말씀하십니다. 왜냐하면 아합이 하나님 앞에서 겸손해졌기 때문입니다. 하나님은 아합과 이세벨이 숨어 꾸몄던 모든 계획을 알고 계셨습니다. 하나님 앞에서 숨길 수 있는 죄는 없습니다. 하나님은 우리가 행하는 모든 죄를 알고 계십니다.

친구들, 한 주간 잘 지냈나요? 오늘도 친구들과 함께 삶과 말씀을 나눌 수 있어 참 감사해요. 오늘은 10단원 3과를 함께 공부할 거예요. 3과 제목을 같이 읽어 볼까요? (공과 제목을 함께 읽는다.) 잘 읽어 주었어요. 오늘 배울 원 포인트도 함께 읽어 볼게요. (원 포인트를 함께 읽는다.) 잘 읽어 주었어요. 이제 설교 시간에 들은 말씀을 기억하며 Welcome 활동을 시작해 볼게요

단어 설명	겸비(29절)	스스로를 낮추는 겸손이나 온유한 자세를 말해요.

Welcome

아무도 보지 못한 죄

잘못을 저질렀는데 아무도 그 장면을 보지 않았다면 어떤 마음이 들지 생각해 보고, 친구들과 나눠 보세요.

Welcome 인도 가이드

친구들, 혹시 어떤 잘못을 저질렀는데 아무도 보지 못한 적이 있나요? 그런 적이 없더라도 만약 내가 잘못을 저질렀을 때 아무도 보지 않았다면 마음이 어떨지 생각해 보고 교재에 적어 볼게요. (적는 시간을 준다.) 다 적었으면 친구들과 나눠 볼게요. (자유롭게 이야기를 나눈다.) 잘못했음에도 그 장면을 본 사람이 없다면 우리 마음속에 안도감이 들 거예요. 그 잘못을 나만 아는 거라고 여길 테니까요.

그런데 우리는 하나님의 백성이에요. 하나님의 백성은 잘못 앞에서 어떻게 반응해야 하는지 Adventure를 통해 살펴보도록 할게요.

Adventure

Adventure 인도 가이드

설교 시간에 들은 말씀을 떠올리며 다음 질문에 답하는 시간을 갖도록 해요. 첫 번째 질문에 대한 답을 적어 볼게요. (적는 시간을 준다.) 다 적었나요?

Q1 엘리야에게 임한 하나님의 말씀은 무엇인가요? (18~19절)

아합 왕에게 가서 아합이 나봇을 죽이고 그의 포도원을 빼앗은 것과 아합도 나봇이 죽은 곳에서 죽게 될 것을 알려 주라고 말씀하심

교사의 말 하나님은 엘리야에게 이스라엘의 왕 아합이 나봇의 포도원을 빼앗고 그를 죽이기까지 했다고 말씀하시고, 그 사실을 아합에게 가서 전하라고 말씀하셨어요. 그리고 아합도 나봇이 죽은 곳에서 죽게 될 것이라고 전하라고 하셨어요.

Q2 엘리야는 하나님 앞에서 악을 행한 아합이 어떻게 될 것이라고 말하나요? (21~22a절)

하나님이 재앙을 내려 쓸어 버리고, 아합에게 속한 남자는 다 멸하고, 여로보암과 바아사의 집처럼 되게 하실 거라고 말함

교사의 말 엘리야는 하나님 앞에서 악을 행한 아합의 인생에 닥칠 일에 대해 예언해요. 하나님이 재앙을 내려 쓸어 버리고, 아합에게 속한 모든 남자를 멸하실 것이라고 말해요. 또한 하나님을 거역한 다른 왕들처럼 망할 것이라고 말해요.

Q3 하나님의 말씀을 들은 아합은 어떻게 행동하고, 이에 하나님은 어떻게 반응하시나요? (27~29절)

아합이 옷을 찢고 굵은 베로 몸을 동이고 금식하며 회개하자 하나님은 그 모습을 보시고 재앙의 시기를 늦춰 주심

교사의 말 아합은 하나님의 말씀에 놀라 자신의 옷을 찢으며 하나님 앞에서 죄를 회개해요. 아합의 인생 전체를 보면 그는 하나님을 거역한 인물이지만 오늘 말씀에서는 죄를 회개하는 모습이 나와요. 이런 모습을 보신 하나님은 아합에게 내려질 심판을 조금 늦춰 주세요. 이를 통해 하나님이 얼마나 자비로우신 분인지 알 수 있어요.

이 말씀을 가지고 Value 질문을 이어서 할게요.

Value

[보누 질문]

Q1 하나님이 아합의 모든 죄를 알고 계셨다는 사실을 볼 때 어떤 생각이 드나요?

교사의 말 하나님은 아합이 지은 모든 죄를 알고 계셨어요. 악한 계획을 품고 어떻게 실행했는지 모든 것을 알고 계셨어요. 이를 통해 하나님이 우리의 죄도 알고 계신다는 사실을 알 수 있어요. 다른 사람이 보지 않았더라도 하나님은 우리의 잘못과 죄를 알고 계세요.

[서로 질문]

Q2 죄악에 대해 회개할 때 심판을 늦추시는 하나님을 보며 어떤 생각이 드나요?

교사의 말 하나님은 우리와 비교할 수 없을 정도로 자비로우신 분이에요. 인간의 눈으로 봤을 때 즉각적인 심판이 필요한 순간에도 하나님은 인내하며 기다리세요. 그러므로 우리에게 아직 남아 있는 죄악의 모습이 있다면 아직 기다리시는 하나님을 생각하며 죄에서 돌이켜야 해요.

[개인 질문]

Q3 하나님은 모든 죄를 아세요. 죄에서 벗어나기 위해 나는 어떤 노력을 하고 있나요?

교사의 말 다른 사람은 보지 못했더라도 하나님은 우리가 지은 죄를 알고 계세요. 그러므로 우리의 모습을 다 아시는 하나님을 기억하며 죄에서 벗어나야 해요. 또한 하나님은 우리가 회개하며 돌이키길 기다리고 계세요. 아직도 죄 가운데 머물러 있다면 속히 돌이켜 죄에서 벗어나도록 노력해야 해요. 우리의 힘만으로는 벗어나기 어렵기에 예수님의 십자가 능력을 더욱 의지해야 해요.

그렇다면 어떻게 예수님의 십자가 능력을 의지하며 살아갈지 Encourage 활동을 통해 알아보도록 해요.

Encourage

죄를 지으려는 마음이 드는 순간 말씀을 암송해 보세요. 말씀을 암송하며 죄에서 벗어나는 한 주간을 보내도록 해요.

암송 Mission

"자기의 죄를 숨기는 자는 형통하지 못하나 죄를 자복하고 버리는 자는 불쌍히 여김을 받으리라"(잠 28:13).

"믿음의 주요 또 온전하게 하시는 이인 예수를 바라보자 그는 그 앞에 있는 기쁨을 위하여 십자가를 참으사 부끄러움을 개의치 아니하시더니 하나님 보좌 우편에 앉으셨느니라"(히 12:2).

Encourage 인도 가이드

죄에서 벗어나는 것은 예수님의 십자가 능력을 의지할 때 가능해요. 하루를 시작할 때, 하루를 마무리할 때 다음의 말씀을 암송해 보세요. 먼저 이 시간 함께 말씀을 암송하도록 할게요. (암송할 시간을 준다.) 그러면 돌아가면서 한 친구씩 암송해 볼게요. (한 명씩 돌아가며 말씀 암송을 한다.) 잘했어요. 친구들 모두 말씀에 의지해 이 한 주간 죄에서 멀어지는 삶을 살아가길 소망해요. 기도하고 10단원 3과 공과 공부를 마치도록 할게요

기도

우리의 모든 죄를 아시는 하나님, 우리가 여전히 넘어지는 죄를 짓고 있음을 고백합니다. 우리를 용서해 주세요. 우리가 연약함에도 우리를 포기하지 않고 기다려 주시는 하나님, 감사합니다. 예수님의 십자가 능력을 의지하며 죄에서 벗어나는 한 주를 살기 원합니다. 그렇게 살아갈 힘을 주세요. 그 능력을 주실 줄을 믿습니다. 감사합니다. 사랑이 많으신 예수님의 이름으로 기도합니다. 아멘.

	평가 내용	상	중	하
1	인도지용 교재의 내용을 충분히 숙지한 후, 공과 공부를 인도했다.			
2	학생들이 성경의 내용을 이해하고 정확하게 숙지했다.			
3	학생들이 배운 내용을 바탕으로 실제적인 행동을 실천하기로 다짐했다.			
4	학생들의 공과 공부 참여도가 좋았다.			

10단원 4과

능력의 하나님!

본문 **열왕기하 2장 1~18절**

암송 구절 "내게 능력 주시는 자 안에서 내가 모든 것을 할 수 있느니라"(빌립보서 4장 13절).

원 포인트 하나님은 능력을 주시는 분이다.

학습 목표 1. 하나님은 능력을 주시는 분임을 설명할 수 있다. (인지적 학습 목표)
2. 능력 주시는 하나님만 의지하기로 결단한다. (감성적 학습 목표)
3. 능력 주시는 하나님만 의지하며 살기를 실천한다. (행동적 학습 목표)

교사 수첩

본문 묵상	기도	큐티	가정예배	심방

본문 묵상 노트	
본문 묵상	

심방 노트	
심방 내용 (기도 제목)	

본문 배경

사밧의 아들 엘리사가 밭을 갈고 있을 때 엘리야가 그를 제자로 맞이합니다. 시간이 흘러 하나님이 엘리야를 하늘로 데려가고자 하십니다. 길갈에 있던 엘리야는 제자 엘리사를 길갈에 머물게 하고 벧엘로 가려고 합니다. 엘리야가 하나님께 갈 거라는 사실을 알았던 엘리사는 그를 떠나지 않고 함께 갑니다. 벧엘에 도착한 엘리사에게 선지자의 제자들이 하나님이 엘리야를 데려갈 것이라고 말합니다. 이 사실을 알고 있던 엘리사는 끝까지 엘리야를 따라나섭니다. 엘리야는 벧엘을 떠나 여리고로, 여리고를 떠나 요단으로 갑니다. 엘리야는 새로운 곳으로 갈 때마다 엘리사에게 자신을 따라오지 말고 머물러 있으라고 말합니다. 엘리야는 엘리사에게 세 번이나 자신을 따라오지 말라고 했지만 엘리사는 스승 엘리야의 곁을 떠나지 않고 함께합니다. 엘리사는 스승이 자신을 떠나는 일로 말미암아 두려움과 슬픔이 있었습니다. 스승인 엘리야의 뒤를 이어 사역을 해야 할 엘리사는 큰 부담을 가졌을 것입니다. 엘리야가 이 땅을 떠나기 전 엘리사에게 구할 것을 묻자 그는 성령이 하시는 역사가 갑절이나 자신에게 있기를 구합니다(9절). 엘리야는 자신이 승천하는 것을 보면 그 일이 엘리사에게 이루어지리라고 말합니다(10절). 엘리사는 스승인 엘리야가 회오리바람을 타고 하늘로 올라가는 모습을 봅니다. 엘리야의 승천을 본 엘리사는 스승의 말처럼 성령의 능력을 받게 되고, 스승의 뒤를 이어 하나님의 일을 놀랍게 감당합니다. 엘리사는 밭을 갈고 있던 한 사람이었습니다. 그러나 하나님은 그에게 성령의 능력을 주시고, 놀라운 하나님의 일을 하게 하십니다.

친구들, 한 주간 잘 지냈나요? 오늘도 친구들과 함께 삶과 말씀을 나눌 수 있어 참 감사해요. 오늘은 10단원 4과를 함께 공부할 거예요. 4과 제목을 같이 읽어 볼까요? (공과 제목을 함께 읽는다.) 잘 읽어 주었어요. 오늘 배울 원 포인트도 함께 읽어 볼게요. (원 포인트를 함께 읽는다.) 잘 읽어 주었어요. 이제 설교 시간에 들은 말씀을 기억하며 Welcome 활동을 시작해 볼게요.

단어 설명 **회오리 바람(11절)** 성경에서는 문자적 의미보다 대개 '쓸어 올린 깔때기 모양의 바람', '천둥과 번개', '연기 기둥' 등을 뜻해요.

Welcome

이별을 대하는 마음

오랜 기간 의지했던 사람이 떠나게 되면 어떤 마음일지 생각해 보고, 친구들과 나눠 보세요.

Welcome 인도 가이드

혹시 오랜 기간 의지했던 사람이 있나요? 친구일 수도 있고 선생님일 수도 있을 텐데, 그렇게 의지했던 사람이 떠나게 되면 어떨 것 같나요? 한번 생각해 보고 자신의 마음이 어떨지 교재에 적어 볼게요. (적는 시간을 준다.) 다 적었으면 친구들과 나눠 볼게요. 그런 생각을 한 이유에 대해서도 함께 나눠 주세요. (자유롭게 이야기를 나눈다.) 잘 나눠 주었어요. 친구들이 이야기한 것처럼 오랜 기간 의지해 오던 사람이 떠나면 슬프고 외롭고 의지할 대상이 사라졌다는 사실에 불안할 수도 있어요.

그런데 오늘 말씀에 비슷한 상황을 겪은 사람이 나와요. 그 사람이 누구인지 Adventure를 통해 살펴보도록 할게요.

Adventure

Adventure 인도 가이드

설교 시간에 들은 말씀을 떠올리며 다음 질문에 답하는 시간을 갖도록 해요. 첫 번째 질문에 대한 답을 적어 볼게요. (적는 시간을 준다.) 다 적었나요?

Q1 엘리야는 자신을 따라오는 엘리사에게 뭐라고 말하나요? (2, 4, 6절)

"청하건대 너는 여기 머물라."

교사의 말 하나님이 엘리야를 하늘로 올리고자 하실 때 엘리사는 스승을 계속해서 따라가요. 엘리야는 그런 엘리사에게 무려 세 번이나 따라오지 말고 그냥 머물러 있으라고 말해요. 길갈과 벧엘, 여리고에서 엘리사는 스승 엘리야에게 그곳에 머물라는 말을 들어요.

Q2 엘리사는 엘리야가 떠나기 전에 무엇을 구하나요? (9절)

엘리야의 성령이 하시는 역사가 갑절이나 자신에게 있기를 구함

교사의 말 엘리사는 스승 엘리야가 세상을 떠나기 전 한 가지를 부탁해요. 그 부탁은 엘리야의 성령이 하시는 역사가 갑절이나 자신에게 있기를 구하는 내용이었어요. 엘리사는 엘리야가 하는 일이 성령의 역사임을 알고 있었으며, 그렇기에 스승이 떠나기 전 자신에게도 그 성령의 역사가 있기를 구하고 있어요.

Q3 엘리야가 회오리바람에 실려 하늘로 올라간 후 그 시신을 찾으려고 한 여리고 선지자들에게 엘리사는 뭐라고 말하나요? (16b, 18b절)

"보내지 말라." "가지 말라고 너희에게 이르지 아니하였느냐."

교사의 말 엘리사는 엘리야가 하나님께로 가자 성령님의 인도하심을 받아요. 그러자 다른 여리고의 선지자들과 달리 하나님의 일하심을 바라볼 수 있게 돼요. 다른 여리고 선지자들은 엘리야가 회오리바람에 들려 가다가 던져졌을 걸 염려하면서 시신을 찾으려고 해요. 그러나 엘리사는 그 일이 하나님이 행하신 일임을 알기에 그럴 필요가 없다고 말해요.

이 말씀을 가지고 Value 질문을 이어서 할게요.

Value

[모두 질문]

Q1 자신이 의지했던 스승 엘리야가 떠날 시간이 가까워질 때 엘리사는 어떤 마음이었을까요?

교사의 말 엘리사는 엘리야와 헤어지기 싫었을 거예요. 오랜 기간 의지하고 따랐던 스승이 떠나는 것이 두려웠을 거예요. 그래서 엘리야가 가는 곳마다 따라가며 그와 함께하길 원했어요.

[서로 질문]

Q2 엘리야는 왜 자신을 따르던 엘리사에게 더 이상 따라오지 말라고 했나요?

교사의 말 엘리야가 놀라운 역사를 일으킨 것은 그의 능력으로 한 것이 아니라 전적으로 하나님의 능력이었어요. 엘리야는 하나님의 일을 감당하는 것에는 성령님의 도우심이 절대적이라고 생각했어요. 그래서 자신을 따르던 엘리사 역시 사람의 도움이 아닌 성령님의 인도하심을 받기를 원했어요.

[개인 질문]

Q3 하나님의 놀라운 일은 하나님 손에 붙들릴 때 가능해요. 나의 삶에서 하나님의 놀라운 일을 경험하기 위해 무엇을 구해야 하나요?

교사의 말 엘리사는 성령의 역사를 구해요. 구함의 결과로 그는 성령의 역사하심이 머무는 삶을 살게 돼요. 하나님이 역사하시는 놀라운 삶이 되기를 원한다면 우리는 성령의 역사하심을 구해야 해요. 그렇게 구할 때 우리는 이전과 달리 하나님의 놀라운 역사하심을 경험하게 될 거예요.

그러면 이 한 주간 어떻게 성령의 역사하심을 구할지 Encourage 활동을 통해 알아보도록 해요.

Encourage

우리가 성령의 역사하심을 구할 때 하나님의 일하심을 경험할 수 있어요. 가정, 교회, 학교 세 영역에서 역사하실 성령님을 기대하며 기도문을 적고, 한 주간 기도해 보세요.

기도 Mission

장소	기도문
가정	
교회	
학교	

Encourage 인도 가이드

하나님의 일하심을 경험하기 위해서는 성령의 역사하심을 구해야 해요. 가정, 교회, 학교 세 영역에서 역사하실 하나님을 기대하면서 각각의 영역에 대한 기도문을 적어 볼게요. (적는 시간을 준다.) 다 적었으면 영역별로 기도문을 읽어 보도록 할게요. (함께 나누도록 한다.) 함께 나눈 기도문처럼 우리 삶의 여러 영역에서 역사하시는 하나님을 기대해요. 이 한 주간도 하나님의 역사하심을 경험하길 소망해요. 그럼 기도하고 10단원 4과 공과 공부를 마치도록 할게요.

기도 하나님이 아닌 다른 걸 의지하는 모습이 있다면 용서해 주세요. 우리의 유일한 능력이 하나님이심을 기억하며 하나님만 의지하게 해 주세요. 우리 삶에 하나님의 일하심이 넘치길 소망합니다. 성령의 역사하심을 구하니 우리 삶에 찾아와 역사해 주세요. 이 한 주간 하나님의 일하심을 경험하길 소망해요. 그렇게 인도해 주세요. 감사합니다. 사랑이 많으신 예수님의 이름으로 기도합니다. 아멘.

	평가 내용	상	중	하
1	인도자용 교재의 내용을 충분히 숙지한 후, 공과 공부를 인도했다.			
2	학생들이 성경의 내용을 이해하고 정확하게 숙지했다.			
3	학생들이 배운 내용을 바탕으로 실제적인 행동을 실천하기로 다짐했다.			
4	학생들의 공과 공부 참여도가 좋았다.			

10단원 5과

나의 도움 어디서 오나?

본문 **열왕기하 4장 29~37절**

암송 구절 "진실로 생명의 원천이 주께 있사오니 주의 빛 안에서 우리가 빛을 보리이다"(시편 36편 9절).

원 포인트 하나님이 생명을 다스리신다.

학습 목표
1. 하나님이 생명을 다스리시는 분임을 설명할 수 있다. (인지적 학습 목표)
2. 하나님이 하나님의 백성에게 도움을 주신다는 것을 나눌 수 있다. (감성적 학습 목표)
3. 하나님께 도움 구하기를 실천한다. (행동적 학습 목표)

교사 수첩

본문 묵상	기도	큐티	가정예배	심방

본문 묵상 노트	
본문 묵상	

심방 노트	
심방 내용 (기도 제목)	

본문 배경

수넴에 이르러 엘리사는 한 여인을 만납니다. 그 수넴 여인은 하나님의 사람인 엘리사를 극진히 모시며 매번 음식을 대접합니다. 여인은 남편과 이야기해서 엘리사가 그녀의 집 작은 방에 머무르도록 준비합니다. 엘리사는 수넴 여인의 섬김을 감사히 여겨 보답하고자 하는데, 자신의 사환을 통해 그 여인에게 아들이 없다는 이야기를 듣게 됩니다. 엘리사는 여인의 섬김에 보답하는 마음으로 한 해가 지난 뒤 아들을 낳게 될 것을 약속합니다. 수넴 여인은 이 약속을 듣고 오히려 자신을 속이지 말라고 말합니다(16절). 그러나 다음 해에 엘리사의 말대로 여인은 아들을 낳게 됩니다. 아이가 자라서 아버지가 추수할 때 함께하는데, 갑자기 두통을 호소합니다. 어머니인 수넴 여인의 간호에도 결국 그 아이는 죽게 됩니다. 수넴 여인은 죽은 아들을 침대에 눕히고, 급하게 하나님의 사람 엘리사를 찾아갑니다. 수넴 여인을 만난 엘리사는 가족의 안녕을 묻습니다. 슬픔에 빠진 여인은 엘리사에게 아들의 죽음을 알립니다. 이 소식을 듣고 엘리사는 곧바로 여인의 집으로 향합니다. 그리고 아이를 누인 방에 들어가 문을 닫고 아이 위에 엎드려 여호와께 기도합니다. 한 차례 더 아이 위에 엎드려 기도하자 아이가 재채기를 일곱 번 하더니 눈을 떴습니다. 엘리사의 기적은 스승 엘리야에게 일어났던 사르밧 과부의 사건과 비슷해 보입니다. 하나님은 이를 통해 엘리사에게 하나님의 능력을 분명히 보여 주셨습니다. 하나님만이 모든 생명을 다스리고 주관하시는 분임을 알려 주셨습니다.

친구들, 한 주간 잘 지냈나요? 오늘도 친구들과 함께 삶과 말씀을 나눌 수 있어 참 감사해요. 오늘은 10단원 5과를 함께 공부할 거예요. 5과 제목을 같이 읽어 볼까요? (공과 제목을 함께 읽는다.) 잘 읽어 주었어요. 오늘 배울 원 포인트도 함께 읽어 볼게요. (원 포인트를 함께 읽는다.) 잘 읽어 주었어요. 이제 설교 시간에 들은 말씀을 기억하며 Welcome 활동을 시작해 볼게요.

Welcome

“도와주세요”

내 힘으로 해결할 수 없는 일이 생겼을 때 도움을 구했던 사람을 생각해 보고, 그 사람을 찾았던 이유를 친구들과 나눠 보세요.

Welcome 인도 가이드

내 힘으로 어떻게 할 수 없을 때 도움을 구했던 사람을 떠올려 보기로 해요. 그리고 절박했던 상황과 도움을 구한 사람을 찾은 이유를 교재에 적어 볼게요. (적는 시간을 준다.) 다 적었나요? 그럼 친구들과 그 사람을 찾은 이유에 대해 나눠 볼게요. (자유롭게 이야기를 나눈다.) 잘 나눠 주었어요. 우리는 절박한 순간 도움을 구할 사람을 찾게 돼요.

그런데 하나님의 백성이 절박한 순간에 찾아야 할 분은 따로 있어요. 그분이 누구인지 Adventure를 통해 살펴보도록 할게요.

Adventure

Adventure 인도 가이드

설교 시간에 들은 말씀을 떠올리며 다음 질문에 답하는 시간을 갖도록 해요. 첫 번째 질문에 대한 답을 적어 볼게요. (적는 시간을 준다.) 다 적었나요?

Q1 수넴 여인은 아이의 죽음에 대해 어떻게 말하고 있나요? (28절)

“내가 내 주께 아들을 구하더이까 나를 속이지 말라고 내가 말하지 아니하더이까.”

교사의 말 수넴 여인은 아들을 얻을 수 없는 상황이었음에도 아들을 얻게 돼요. 그렇기에 그 아들은 여인에게 정말 소중하고 귀한 아들이었을 거예요. 그런데 그런 아들이 죽게 되자 수넴 여인은 그 죽음을 받아들일 수가 없었어요. 그래서 여인은 엘리사에게 자신에게 아들을 허락해 놓고 그를 거둬 간 상황을 한탄해요.

Q2 수넴 여인은 아이를 살릴 수 있다는 믿음으로 어떻게 고백하나요? (30절)

"여호와께서 살아 계심과 당신의 영혼이 살아 계심을 두고 맹세하노니 내가 당신을 떠나지 아니하리이다."

교사의 말 수넴 여인은 하나님의 살아 계심을 강하게 신뢰하며 다시는 하나님과 하나님의 사람을 떠나지 않겠다고 결단해요. 그것이 아들을 살릴 수 있는 유일한 길이라고 생각했기 때문이에요.

Q3 절박한 수넴 여인의 간구 끝에 그녀의 아이는 어떻게 되나요? (35~37절)

아이는 일곱 번 재채기 하고 눈을 뜨고 다시 살아나서 어머니인 수넴 여인과 함께 나감

교사의 말 수넴 여인의 간절한 간구 끝에 아이는 다시 살아나게 돼요. 하나님은 생명을 주관하시는 분이에요. 수넴 여인은 간절한 기도를 통해 아이의 살리심을 경험할 수 있었어요.

이 말씀을 가지고 Value 질문을 이어서 할게요.

Value

[모두 질문]

Q1 힘들게 얻은 자녀가 죽었을 때 수넴 여인은 어떤 마음이었을까요?

교사의 말 힘들게 얻은 걸 잃었을 때 상실감은 더 클 수밖에 없어요. 어렵게 얻은 아들의 갑작스러운 죽음은 그 여인을 너무나도 괴롭게 했을 거예요.

[서로 질문]

Q2 고통의 순간에도 다시금 하나님을 찾은 수넴 여인을 보며 어떤 생각이 드나요?

교사의 말 이해할 수 없는 괴로운 상황에 하나님을 원망하고 떠날 수도 있어요. 그러나 수넴 여인은 떠나는 것이 아니라 하나님께 간절히 구하는 선택을 해요. 그녀는 하나님

이 어떤 분인지 분명히 알고 있었던 거예요.

[개인 질문]

Q3 나에게 고통스러운 일이 찾아올 때 어떻게 해야 불평과 원망이 아닌 하나님을 찾는 선택을 할 수 있나요?

교사의 말 해결할 수 없는 큰 고통이 찾아오면 우리의 마음은 무너져 내릴 거예요. 그럼에도 우리는 하나님이 어떤 분인지 늘 기억해야 해요. 하나님은 선하시고 우리를 선한 길로 인도하시는 분이에요. 또한 우리가 간절히 기도할 때 그 기도에 응답하시는 분이에요. 그런 하나님을 생각한다면 고통의 시간이 찾아올 때 더 간절히 하나님을 찾을 수 있을 거예요.

어떻게 해야 한 주간 그런 하나님을 의지하며 살아갈 수 있을지 Encourage 활동을 통해 살펴보도록 해요.

Encourage

다음 말씀을 외우고, 한 주간 어려운 일을 만날 때 마음속에 말씀을 떠올리며 기도해 보세요.

암송 Mission

"내가 산을 향하여 눈을 들리라 나의 도움이 어디서 올까 나의 도움은 천지를 지으신 여호와에게서로다" (시 121:1~2).

Encourage 인도 가이드

하나님은 우리를 도우시는 분이에요. 절박한 상황에 처할 때 예수님의 이름으로 하나님께 간절히 기도하면 하나님은 우리를 도와주세요. 하나님의 도우심을 기대하며 한 주간 하나님의 말씀을 가지고 기도하면 좋겠어요. 교재에 적힌 말씀 구절을 함께 읽어 볼게요. (말씀을 읽는다.) 방금 읽은 말씀을 함께 암송하도록 할게요. (말씀을 암송한다.) 한 주간 어려운 일을 만날 때마다 암송한 말씀을 가지고 기도하며 하나님의 도우심을 경험하는 친구들이 되길 소망해요. 기도로 10단원 5과 공과 공부를 마치도록 할게요.

기도 하나님, 때로는 우리가 해결할 수 없는 막막한 상황이 찾아올 때가 있습니다. 그때 우리의 연약함으로 말미암아 이런 상황을 허락하신 하나님을 원망할 때가 있습니다. 연약한 우리를 용서해 주세요. 우리에게 찾아온 고통의 시간 가운데서 여전히 일하시는 하나님을 의지합니다. 이 한 주간 말씀과 기도를 통해 하나님만 의지하는 삶을 살게 해 주세요. 그렇게 살아갈 수 있도록 우리를 도와주세요. 감사합니다. 우리를 늘 인도하시는 예수님의 이름으로 기도합니다. 아멘.

	평가 내용	상	중	하
1	인도자용 교재의 내용을 충분히 숙지한 후, 공과 공부를 인도했다.			
2	학생들이 성경의 내용을 이해하고 정확하게 숙지했다.			
3	학생들이 배운 내용을 바탕으로 실제적인 행동을 실천하기로 다짐했다.			
4	학생들의 공과 공부 참여도가 좋았다.			

11 단원

The Rule of the Kingdom of God #2

1과 이해할 수 없어도

2과 약속을 지키시는 하나님!

3과 하나님께 유턴

4과 끝날 때까지 끝난 게 아니다

11단원 1과

이해할 수 없어도

본문 열왕기하 5장 1~14절

암송 구절 "율법을 따라 거의 모든 물건이 피로써 정결하게 되나니 피흘림이 없은즉 사함이 없느니라"(히브리서 9장 22절).

원 포인트 하나님이 깨끗하게 하신다.

학습 목표 1. 하나님이 깨끗하게 하심을 설명할 수 있다. (인지적 학습 목표)
2. 하나님을 의지해 깨끗한 삶을 살기로 결단한다. (감성적 학습 목표)
3. 하나님을 의지해 깨끗하게 살기를 실천한다. (행동적 학습 목표)

교사 수첩

본문 묵상	기도	큐티	가정예배	심방

본문 묵상 노트	
본문 묵상	

심방 노트	
심방 내용 (기도 제목)	

본문 배경

아람 왕의 군대 장관 나아만은 왕에게 인정받는 장관이었지만 나병 환자였습니다. 나아만 아내의 시중을 들던 한 이스라엘 소녀가 있었습니다. 그 소녀가 나아만의 병에 대해 듣고, 엘리사를 만나면 그의 병을 고칠 수 있으리라고 말합니다. 나아만이 아람 왕에게 소녀가 한 말을 전하자 아람 왕은 이스라엘 왕에게 서신을 써서 나아만 장군을 이스라엘로 보냅니다. 나아만은 말과 병거를 거느리고 엘리사의 집으로 향합니다. 이 소식을 들은 엘리사는 사자를 보내 요단강에서 일곱 번 몸을 씻으면 살이 회복되어 깨끗해질 거라고 전합니다. 그러나 나아만은 엘리사의 이런 태도에 분노합니다. 엘리사가 직접 나와서 맞이하지도 않고, 자신을 치료하기 위해 기도도 하지 않았기 때문입니다. 화가 난 나아만은 그대로 돌아가려고 했습니다. 그때 나아만의 종들이 요단강에서 몸을 씻는 일은 큰일이 아니라 쉬운 일이라고 그를 설득합니다. 이에 나아만이 하나님의 사람 엘리사의 말대로 요단강에서 일곱 번 몸을 씻으니 그의 살이 어린아이의 살처럼 회복되어 깨끗하게 되었습니다. 병을 치료한 나아만은 모든 군대를 거느리고 엘리사에게 찾아가 온 천하에 신은 하나님뿐이라고 고백합니다(15절). 하나님은 당시 이스라엘의 적이자 아람 사람이었던 나아만을 엘리사를 통해 회복시켜 주십니다. 나아만의 회복은 그의 육신뿐 아니라 영혼까지 회복되는 완전한 회복이었습니다. 온 천하에 신은 하나님뿐이며 하나님께만 제사하겠다는 그의 고백은 나아만이 진정한 회복을 경험했음을 알려 줍니다. 하나님의 은혜로 이방인이었던 나아만은 완전히 깨끗하게 되었습니다.

친구들, 한 주간 잘 지냈나요? 오늘도 친구들과 함께 삶과 말씀을 나눌 수 있어 참 감사해요. 오늘은 11단원 1과를 함께 공부할 거예요. 1과 제목을 같이 읽어 볼까요? (공과 제목을 함께 읽는다.) 잘 읽어 주었어요. 오늘 배울 원 포인트도 함께 읽어 볼게요. (원 포인트를 함께 읽는다.) 잘 읽어 주었어요. 이제 설교 시간에 들은 말씀을 기억하며 Welcome 활동을 시작해 볼게요.

단어 설명	**나병(1절)** 나균으로 생기는 만성 전염병으로, 잠복 기간이 길어요. 눈썹이나 코, 뺨, 귀 등에 도토리만 한 크기로 도드라지는 결절이 생기거나 손, 발 등의 관절이 녹아 손가락, 발가락 등이 떨어져 나가는 질병이에요.

Welcome

그럼에도 순종

이해할 수 없는 하나님의 말씀에 순종할 수 있나요?
그런 상황이 생긴다면 어떻게 할지 친구들과 나눠 보세요.

Welcome 인도 가이드

우리는 합리적이라는 생각이 들어야 행동해요. 그게 지혜로운 선택이라고 여기기 때문이에요. 그런데 우리에게 하나님이 이해할 수 없는 말씀을 하신다면 어떨까요? 그런 상황에서 어떻게 할지 생각해 보고 교재에 적어 볼게요. (적는 시간을 준다.) 다 적었나요? 그럼 친구들과 나눠 볼게요. (자유롭게 이야기를 나눈다.) 잘 나눠 주었어요. 하나님의 말씀이 이해되지 않으면 순종하기가 참 어려울 거라고 생각돼요.

그런 상황에서 어떻게 해야 하는지 Adventure를 통해 살펴보도록 할게요.

Adventure

Adventure 인도 가이드

설교 시간에 들은 말씀을 떠올리며 다음 질문에 답하는 시간을 갖도록 해요. 첫 번째 질문에 대한 답을 적어 볼게요. (적는 시간을 준다.) 다 적었나요?

Q1 **아람 왕의 군대 장관 나아만은 어떤 사람인가요? (1b절)**

큰 용사이나 나병 환자

교사의 말 성경은 군대 장관 나아만에 대해 크게 두 가지로 설명해요. 하나는 큰 용사라고 말해요. 나아만이 얼마나 많은 업적을 이루었고 많은 사람이 따르는지 알 수 있죠. 그러나 그런 긍정적인 평가 다음에 그가 나병 환자라고 말해요.

Q2 **엘리사는 나아만이 어떻게 하면 깨끗해질 수 있다고 말하나요? (10절)**

요단강에 몸을 일곱 번 씻으라고 말함

교사의 말 군대 장관 나아만은 큰 용사라고 표현되었듯이 그를 따르는 사람이 많았을 거예요. 그런 사람이 찾아왔음에도 엘리사는 자신이 직접 말하는 것이 아니라 사자를 보내 요단강에 일곱 번 씻으면 몸이 나을 거라고 말해요. 이에 나아만 장관은 크게 화를 내며 분노했지만 신하들의 만류로 엘리사의 말을 따르기로 해요.

Q3 엘리사의 말에 순종한 나아만은 어떻게 되나요? (14절)

그의 살이 어린아이의 살같이 회복되어 깨끗하게 되었음

교사의 말 엘리사의 말에 순종한 나아만은 자신을 너무나 고통스럽게 하던 나병을 고침 받는 은혜를 경험하게 돼요. 어린아이의 살처럼 깨끗해진 완전한 회복을 경험해요. 놀라운 하나님의 역사하심이 일어난 거예요.

이 말씀을 가지고 Value 질문을 이어서 할게요.

Value

[모두 질문]

Q1 괴로운 상황에서 하나님의 이해할 수 없는 명령을 받은 나아만은 어떤 마음이었을까요?

교사의 말 빨리 회복되기를 원했던 나아만은 이해할 수 없는 명령에 황당했을 거예요. 그래서 그런 요구는 받아들이지 않고 자신이 생각하는 더 좋은 방법을 찾으려고 했을 거예요.

[서로 질문]

Q2 이해할 수 없는 말씀이었지만 순종하여 회복된 나아만의 모습을 보면서 어떤 생각이 드나요?

교사의 말 하나님의 말씀을 이해할 수 없을 때가 있어요. 그럴 때면 내가 생각하는 더 좋은 방법을 찾으려고 할 수도 있어요. 그러나 내 생각을 내려놓고 하나님의 말씀에 순종할 때 하나님의 일하심을 볼 수 있어요.

[개인 질문]

Q3 하나님의 말씀을 들었을 때 이해할 수 없더라도 어떻게 해야 하나요?

교사의 말 이해할 수 없는 하나님의 말씀에 내 생각을 내려놓고 따르는 순간 우리는 놀라운 하나님의 일하심을 보게 될 거예요. 내 생각과 마음으로 이해되는 것만 따른다면 우리는 세상 사람들과 어떤 차이도 느끼지 못한 채 하나님의 일하심을 경험하지 못할 거예요. 나아만이 이해할 수 없지만 순종했기에 하나님의 일하심을 경험했듯, 우리도 이해할 수 없는 순간에 하나님의 말씀에 순종해야 해요. 그렇게 순종할 때 하나님의 일하심을 경험할 수 있어요.

이 한 주간 어떻게 하나님의 말씀에 순종할지 Encourage를 통해 살펴보도록 해요.

Encourage

하나님의 말씀에 순종하기 위해 우리는 말씀을 가까이해야 해요. QT를 통해 말씀에 순종하는 훈련을 할 수 있어요. 한 주간 QT로 말씀을 묵상하고 순종해 보세요.

큐티 Mission

QT 체크표						
주일	월	화	수	목	금	토

Encourage 인도 가이드

하나님의 말씀에 순종하기 위해서는 먼저 말씀을 가까이해야 해요. 이때 가장 좋은 방법은 매일 QT를 하는 거예요. 아침에 일어나 QT 책을 펴서 말씀을 묵상해요. 그런 다음 그 말씀 안에서 오늘 하루 순종하기 원하는 하나님의 말씀을 정리해요. 정리한 뒤에는 그 말씀대로 살도록 기도하면서 그렇게 하루를 살아야 해요. 그렇게 하루를 지내고 잠들기 전 하루를 점검하는 시간을 갖고 마무리하면 돼요. 이처럼 매일 말씀을 따라 하나님의 일하심을 경험하는 한 주가 되길 소망해요. 그럼 기도하고 11단원 1과 공과 공부를 마치도록 할게요.

기도 하나님, 고통스러운 상황을 만날 때 하나님의 말씀에 순종하는 게 참 어렵습니다. 우리를 불쌍히 여겨 주세요. 하나님의 말씀을 따르는 길이 가장 좋은 길임을 믿고 순종하는 우리가 되도록 해 주세요. 그렇게 매일 하나님의 말씀에 순종하며 살아갈 때 하나님의 일하심을 경험하는 우리가 되게 해 주세요. 그런 한 주가 되길 소망합니다. 감사합니다. 사랑이 많으신 예수님의 이름으로 기도합니다. 아멘.

	평가 내용	상	중	하
1	인도자용 교재의 내용을 충분히 숙지한 후, 공과 공부를 인도했다.			
2	학생들이 성경의 내용을 이해하고 정확하게 숙지했다.			
3	학생들이 배운 내용을 바탕으로 실제적인 행동을 실천하기로 다짐했다.			
4	학생들의 공과 공부 참여도가 좋았다.			

11단원 2과

약속을 지키시는 하나님!

본문 **열왕기하 7장 9~20절**

암송 구절 "말씀을 멸시하는 자는 자기에게 패망을 이루고 계명을 두려워하는 자는 상을 받느니라"(잠언 13장 13절).

원 포인트 하나님의 말씀은 반드시 이루어진다.

학습 목표
1. 하나님의 말씀을 의심하면 어떤 일이 일어나는지 설명할 수 있다. (인지적 학습 목표)
2. 하나님의 말씀이 이루어진다는 사실을 믿을 수 있다. (감성적 학습 목표)
3. 하나님의 말씀을 진리로 믿고 살기를 실천한다. (행동적 학습 목표)

교사 수첩

본문 묵상	기도	큐티	가정예배	심방

본문 묵상 노트	
본문 묵상	

심방 노트	
심방 내용 (기도 제목)	

본문 배경

아람 왕이 군대를 모아 사마리아 성을 에워쌌습니다. 그래서 사마리아는 식량난에 시달리게 됩니다. 식량이 부족해 물가가 급격히 상승했고, 이로 말미암아 사람을 잡아먹는 지경에 이릅니다. 이때 엘리사가 사마리아를 향해 하나님의 말씀을 전합니다. 내일 사마리아 성에 곡식이 넘치고 정상적인 가격에 팔리게 될 거라고 예언합니다. 그러나 엘리사가 전한 하나님의 말씀을 들은 왕의 한 장관은 여호와가 하늘에 창을 내어도 그런 일은 일어나지 않을 것이라고 비꼽니다(2절). 장관의 말을 들은 엘리사는 그가 이 예언이 이루어지는 것을 보겠지만 먹지는 못하리라고 예언합니다. 엘리사를 통해 하나님의 말씀이 전해진 뒤 성문 입구에 있던 나병 환자의 이야기가 이어집니다. 나병 환자들은 식량난으로 죽을 지경에 이르자 아람 진영에 항복하러 갑니다. 이들이 아람 진영에 도착하기 전 하나님은 대군이 몰려오는 소리를 아람 군대가 듣게 하여 모든 것을 놓고 도망가게 만드십니다. 아람 진영에 도착한 네 명의 나병 환자는 빈 장막을 발견하고 수많은 식량과 전리품을 취합니다. 그러고 나서 이 같은 아름다운 소식을 침묵하지 않고 왕궁에 전합니다. 이 소식을 들은 왕은 신하를 보내 아람 진영을 확인한 뒤 사마리아 성으로 가져와 백성에게 나눕니다. 엘리사가 예언한 대로 곡식이 넘치고 정상적인 가격에 팔리게 됩니다. 또한 왕의 장관은 이 모든 일을 보았지만 백성에게 밟혀 죽어 그 식량을 먹지 못합니다. 하나님의 말씀은 불가능해 보여도 반드시 이루어진다는 것을 보여 줍니다.

친구들, 한 주간 잘 지냈나요? 오늘도 친구들과 함께 삶과 말씀을 나눌 수 있어 참 감사해요. 오늘은 11단원 2과를 함께 공부할 거예요. 2과 제목을 같이 읽어 볼까요? (공과 제목을 함께 읽는다.) 잘 읽어 주었어요. 오늘 배울 원 포인트도 함께 읽어 볼게요. (원 포인트를 함께 읽는다.) 잘 읽어 주었어요. 이제 설교 시간에 들은 말씀을 기억하며 Welcome 활동을 시작해 볼게요.

단어 설명	**아람(10절)** 아람은 대략 요단강 동북부에서 티그리스강과 유브라데강 유역에 이르는 지역으로, 수리아라고도 해요.

Welcome

지켜진 약속

친구나 부모님이 나와의 약속을 지켜 주어서 감동한 적이 있나요? 그때 마음이 어땠는지 친구들과 나눠 보세요.

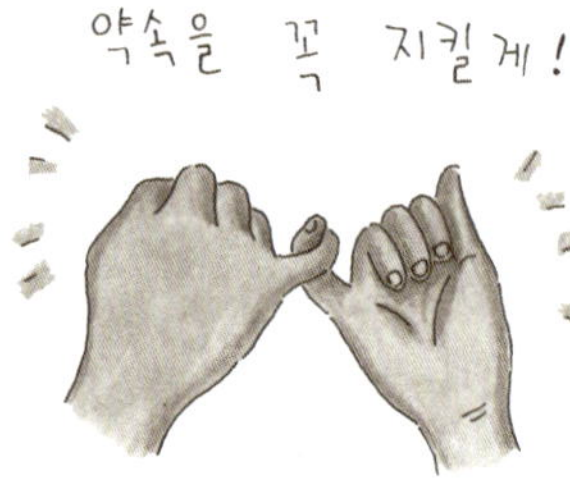

Welcome 인도 가이드

친구나 부모님이 나와 한 약속을 지켜 주어서 감동한 적이 있나요? 그때 마음이 어땠는지 교재에 적어 볼게요. (적는 시간을 준다.) 다 적었으면 친구들과 나눠 볼게요. 그때 마음이 어땠는지 나눠 보도록 해요. (자유롭게 이야기를 나눈다.) 약속의 내용이 크면 클수록 그때 느꼈던 감동이 더 컸을 거예요. 그리고 상대방이 실제로 약속을 지켰다는 게 믿어지지 않았던 적도 있을 거예요.

하나님은 약속을 반드시 이루시는 분이에요. 이 사실을 Adventure를 통해 살펴보도록 할게요.

Adventure

Adventure 인도 가이드

설교 시간에 들은 말씀을 떠올리며 다음 질문에 답하는 시간을 갖도록 해요. 첫 번째 질문에 대한 답을 적어 볼게요. (적는 시간을 준다.) 다 적었나요?

Q1 성경은 전쟁의 마무리를 어떻게 결론짓고 있나요? (16b절)

모든 것이 여호와의 말씀과 같이 되었음

교사의 말 엘리사가 하나님의 말씀을 예언했어요. 아람 군대가 사마리아 성을 포위하고 있는 상황에서 내일 그 군대가 퇴각할 거라고 말이에요. 사실 이런 일은 불가능한 일이었어요. 하지만 실제로 아람 군대가 퇴각했어요. 그리고 오늘 본문은 "여호와의 말씀과 같이 되었고"라고 말하고 있어요.

Q2 **왕의 장관은 하나님의 말씀에 어떻게 반응하나요? (19a절)**

이루어질 수 없는 일이라면서 예언의 말씀을 무시했음

교사의 말 왕의 한 장관은 엘리사를 비웃었어요. 그의 예언은 이루어질 수 없는 일이라고 말하면서 말이에요. 성안에 이미 소문이 났고 증인이 있었는데도 믿지 못했어요. 이처럼 성경에는 하나님의 일하심을 믿지 못하고 자기 생각에 갇혀 있는 인물이 종종 등장해요.

Q3 **왕의 장관은 어떤 결과를 맞이하나요? (20절)**

성문에서 백성에게 밟혀 죽음

교사의 말 하나님이 약속을 이루셨다는 사실을 믿지 못한 장관에게 어떤 일이 일어났을까요? 아람 군대가 돌아갔다는 소식을 들은 백성이 앞다투어 성문을 나가기 시작했어요. 마침 엘리사를 비웃던 장관이 성문을 지키고 있었는데, 그는 성문을 막다가 백성에게 밟혀 죽었어요.

이 말씀을 가지고 Value 질문을 이어서 할게요.

Value

[모두 질문]

Q1 **하나님은 엘리사를 통해 내일 사마리아 성을 포위한 아람 군대가 퇴각할 것이라 말씀하셨고, 그 말씀대로 되었어요. 이처럼 하나님이 약속을 지키신 내용이 성경 어디에 또 나오나요?**

교사의 말 하나님이 약속을 지키신 내용이 성경 여러 군데에 나와요. 사실 성경 전체가 하나님이 말씀을 이루신 내용으로 이루어져 있어요. 예를 들면 모세에게 이스라엘 백성을 이끌 지도자가 되리라는 약속을 하셨고, 그 약속을 지키셨어요. 여호수아에게는 가나안 땅을 정복하게 되리라고 약속하셨으며, 그 약속을 지키셨어요. 또한 우리를 구원할 구원자를 보내 주시겠다고 약속하셨고, 예수님을 통해 그 약속을 지키셨어요.

[서로 질문]

Q2 하나님의 약속을 믿지 못하는 장관이 등장해요. 이미 성안에 아람 군대가 도망쳤고 거기에 여러 물품이 버려져 있다는 소문이 났어요. 그럼에도 장관은 끝까지 의심해요. 장관처럼 하나님의 약속을 의심하고 믿지 못한 적이 있나요?

교사의 말 하나님이 약속을 이루셨음에도 믿지 못한 장관이 등장해요. 그는 끝까지 하나님의 역사를 믿지 못했어요. 우리에게도 이런 모습이 있는지 돌아봐야 해요. 하나님의 말씀을 확실하게 믿지 않을 때 우리는 하나님이 기뻐하시지 않는 삶을 살게 돼요. 마지막 질문을 볼게요.

[개인 질문]

Q3 하나님은 예수님을 통해 우리를 구원하시겠다는 약속을 지키셨어요. 이 사실에 대해 우리는 어떻게 반응해야 하나요?

교사의 말 오늘 말씀에는 하나님이 성에 갇혀 죽을 날만 기다리는 백성을 구원해 주신 사건이 등장해요. 마찬가지로 하나님은 예수님을 보내 주셔서 죽을 날만 기다리는 우리를 구원하셨어요. 우리는 이 사실에 감사하며 이 사실을 믿어야 해요. 믿지 못하면 우리는 예수님이 주신 구원을 받을 수 없어요. 이 사실을 믿는 친구들이 되길 소망해요.

그럼 어떻게 해야 하나님의 약속을 믿을 수 있을지 Encourage를 통해 살펴보도록 해요.

Encourage

하나님의 약속을 믿지 못하면 얼마나 비참하게 삶을 마감하는지 확인할 수 있었어요. 불가능해 보이는 일이기에 하나님을 의심할 수도 있어요. 그러나 하나님은 역사 속에서 객관적 사실로 약속을 이루셨어요. 우리에게는 성경에 기록된 하나님의 약속을 믿는 믿음이 필요해요. 하나님이 약속하셨음에도 믿지 못하는 부분이 있다면 한 주간 회개 기도를 하며 믿음을 달라고 간구해 보세요.

믿음을 달라고 기도하기 Mission

____

____

____

____

Encourage 인도 가이드

성경 말씀을 통해 하나님은 약속을 지키시는 분이라는 사실을 확인했어요. 또한 이 사실을 믿지 않았을 때 얼마나 비참한 삶이 기다리고 있는지도 배웠어요. 이번 미션은 믿음을 달라고 기도하는 거예요. 믿음은 우리 스스로 가질 수 없어요. 특히 하나님이 이루신 일은 우리의 이해를 뛰어넘는 영역이에요. 우선 잘 믿어지지 않는 사실을 적어 보기로 해요. 그리고 '성경 말씀을 믿게 해 주세요'라고 기도문을 적어 볼게요. (적는 시간을 준다.) 우리가 간절히 기도하면 하나님이 믿음을 선물로 주세요. 늘 하나님의 말씀을 믿어 하나님이 기뻐하시는 삶을 살기 위해 기도하며 11단원 2과 공과 공부를 마치도록 할게요.

기도 하나님, 우리에게 하나님이 약속을 지키시는 분이라는 사실을 알려 주셔서 감사합니다. 우리의 믿음이 연약해 의심할 때도 있고 잘 믿어지지 않을 때도 있습니다. 우리의 믿음이 자랄 수 있게 해 주세요. 의심하는 삶이 아니라 믿음으로 감사하는 삶을 살게 해 주세요. 사랑이 많으신 예수님의 이름으로 기도합니다. 아멘.

	평가 내용	상	중	하
1	인도자용 교재의 내용을 충분히 숙지한 후, 공과 공부를 인도했다.			
2	학생들이 성경의 내용을 이해하고 정확하게 숙지했다.			
3	학생들이 배운 내용을 바탕으로 실제적인 행동을 실천하기로 다짐했다.			
4	학생들의 공과 공부 참여도가 좋았다.			

11단원 3과

하나님께 유턴

본문 **열왕기하 11장 13~21절**

암송 구절 "하나님이여 우리를 돌이키시고 주의 얼굴빛을 비추사 우리가 구원을 얻게 하소서"(시편 80편 3절).

원 포인트 우상을 버리고 하나님께 돌아가야 한다.

학습 목표
1. 우상을 버려야 하는 이유를 설명할 수 있다. (인지적 학습 목표)
2. 우상을 버리면 하나님과의 관계가 회복된다는 사실을 믿을 수 있다. (감성적 학습 목표)
3. 내 마음의 우상 버리기를 실천한다. (행동적 학습 목표)

교사 수첩

본문 묵상	기도	큐티	가정예배	심방

본문 묵상 노트	
본문 묵상	

심방 노트	
심방 내용 (기도 제목)	

본문 배경

아합 왕의 딸이자 아하시야의 어머니인 아달랴가 남유다의 정권을 잡습니다. 그녀는 정권의 후계자가 될 가능성이 있는 자손들을 모두 죽입니다. 그리고 스스로 여왕이 되어 6년간 통치합니다. 여호람의 딸이자 아하시야의 누이 여호세바가 아하시야의 아들 요아스 왕자를 빼돌려 6년 동안 몰래 양육합니다. 아달랴가 정권을 장악한 지 7년째 되던 해에 제사장 여호야다가 용기를 내어 목숨을 걸고 개혁을 단행합니다. 그가 이렇게 한 이유는 다윗 왕조가 이어짐으로써 하나님의 약속이 이루어져야 했기 때문입니다. 여호야다는 은밀히 군대 장교들을 불러 일을 진행합니다. 안식일에 성전에서 여호야다가 왕자 요아스를 데리고 나와서 왕의 대관식을 진행합니다. 요아스의 머리에 왕관을 씌우고 여호와의 율법책을 주며 그에게 기름을 부어 왕으로 세웁니다. 성전에 있던 백성은 기뻐하고 환호하며 새 왕을 맞이합니다. 이 사태를 파악한 아달랴는 급히 성전으로 달려와 반역이라고 외칩니다. 그러나 여호야다는 군사들에게 그녀를 끌고 나가라고 합니다. 아달랴는 결국 그녀의 어머니 이세벨과 비슷한 모습으로 죽음을 맞이합니다. 아달랴가 죽은 뒤 여호야다는 왕과 백성에게 하나님과 언약을 맺게 합니다. 백성과 왕 사이에도 언약을 맺도록 합니다. 유다 사람들은 언약 갱신을 통해 자신들이 하나님의 백성임을 깨닫고 우상을 버리고 하나님께로 돌이킵니다. 온 백성이 바알의 신당으로 몰려가 신전을 허물고 신상을 완전히 부수었습니다. 또한 제단 앞에서 바알의 제사장 맛단을 죽입니다.

친구들, 한 주간 잘 지냈나요? 오늘도 친구들과 함께 삶과 말씀을 나눌 수 있어 참 감사해요. 오늘은 11단원 3과를 함께 공부할 거예요. 3과 제목을 같이 읽어 볼까요? (공과 제목을 함께 읽는다.) 잘 읽어 주었어요. 오늘 배울 원 포인트도 함께 읽어 볼게요. (원 포인트를 함께 읽는다.) 잘 읽어 주었어요. 이제 설교 시간에 들은 말씀을 기억하며 Welcome 활동을 시작해 볼게요.

단어 설명		
	바알(18절)	비와 폭풍을 주관하는 농사의 신으로, 풍요와 다산을 상징해요.
	신당(18절)	이방 신이나 우상을 섬기는 사당을 뜻해요.

Welcome

나의 우상

요즘 무엇에 가장 많은 시간과 돈을 쓰는지 생각해 보고, 친구들과 나눠 보세요.

Welcome 인도 가이드

최근 무엇을 하는 데 가장 많은 시간을 쓰고, 무엇을 사는 데 가장 많은 돈을 쓰나요? 생각해 보고 교재에 적어 볼게요. (적는 시간을 준다.) 다 적었으면 친구들과 나눠 볼게요. 무엇에 가장 많은 시간과 돈을 쓰나요? (자유롭게 이야기를 나눈다.) 만약 많은 시간을 할애하는 어떤 것 때문에 예배에 늦거나 일상생활에 지장이 있다면 그건 우리 마음의 우상일 가능성이 커요.

오늘 말씀에 우상을 버리고 하나님께 다시 돌아가는 내용이 나와요. 이 사실을 Adventure를 통해 살펴보도록 할게요.

Adventure

Adventure 인도 가이드

설교 시간에 들은 말씀을 떠올리며 다음 질문에 답하는 시간을 갖도록 해요. 첫 번째 질문에 대한 답을 적어 볼게요. (적는 시간을 준다.) 다 적었나요?

Q1 **여호야다는 왕과 백성에게 먼저 무엇을 맺게 했나요? (17절)**

여호와와의 언약

교사의 말 여호야다는 개혁을 일으키기 전 먼저 왕과 백성에게 여호와와 언약을 맺게 했어요. 이제 유다 백성은 여호와의 백성이 되었어요. 개혁을 일으키는 일보다 앞서서 해야 하는 일은 하나님과 올바른 관계를 맺는 거예요.

Q2 여호야다의 지휘 아래 백성은 무엇을 했나요? (18절)

바알 신당을 허물고 바알의 제사장 맛단을 죽임

교사의 말 하나님께 다시 돌아가는 방법은 섬기던 우상을 깨뜨리는 거예요. 백성은 제단에 있던 우상들을 깨뜨리고 바알의 제사장을 죽였어요. 성경은 "제단들과 우상들을 철저히 깨뜨리고"라고 기록하고 있어요. 이처럼 우상을 '철저히' 깨뜨려야 해요.

Q3 여호야다가 일으킨 개혁의 결과는 무엇인가요? (20a절)

온 백성이 즐거워하고 온 성이 평온함

교사의 말 여호야다가 일으킨 개혁은 성공했어요. 성공의 결과로 온 백성이 즐거워하고 온 성이 평온하게 되었어요. 하나님께 돌아가면 이런 기쁨과 평강을 회복할 수 있어요.

이 말씀을 가지고 Value 질문을 이어서 할게요.

Value

[모두 질문]

Q1 여호야다는 왕과 백성에게 여호와와 언약을 맺게 했어요. 그러자 하나님과 이스라엘 백성의 관계가 회복되었어요. 요즘 나와 하나님의 관계는 어떤가요?

교사의 말 여호야다는 개혁에 앞서 왕과 백성에게 여호와와 언약을 맺게 했어요. 개혁보다 더 중요한 것이 있는데, 그것은 바로 하나님과의 관계예요. 하나님과 관계없는 개혁은 교만으로 나아갈 수 있어요.

[개인 질문]

Q2 여호야다의 지휘 아래 백성은 바알의 신당을 허물고 바알의 제사장 맛단을 죽였어요. 하나님과의 관계를 회복한다는 것 안에는 우상을 제거하는 일이 포함되어 있어요. 내 마음에는 어떤 우상이 있나요?

교사의 말 여호야다는 바알의 신당을 허물고 바알의 제사장 맛단을 죽였어요. 우상을 제거해야만 하나님과의 관계를 회복할 수 있어요. 만약 밤늦게까지 무엇을 하다가 예배 시간에 늦는다면 그게 우상일 가능성이 높아요. 많은 돈을 쓰는 곳이 있다면 그것도 우상일 가능성이 높아요. 우리는 자신의 마음에 제거해야 하는 우상이 없는지 늘 살펴보아야 해요.

[서로 질문]

Q3 여호야다가 일으킨 개혁으로 온 백성이 즐거워하고 온 성이 평온하게 되었어요. 내 삶에 이런 기쁨과 평화가 있으려면 어떻게 해야 할까요?

교사의 말 하나님과의 관계가 회복되자 온 백성이 즐거워하고 온 성이 평온하게 되었어요. 우리는 마음속에 불안이 없는지 확인해야 해요. 우리 안에 기쁨이 없고 평화가 없다면 그건 우리 안에 우상이 있어서 하나님과의 관계가 멀어진 거예요. 우리는 마음의 우상을 버려야 기쁨과 평안을 누릴 수 있어요.

그럼 어떻게 해야 기쁨과 평안을 제대로 누릴 수 있는지 Encourage를 통해 살펴보도록 해요.

Encourage

여호야다의 개혁으로 모든 백성이 즐거워하고 온 성이 평온하게 되었어요. 우리도 마음속에 있는 우상을 버리고 개인의 개혁을 일으켜야 해요. 다음 표에 말씀 읽기 계획을 세우고, 한 주간 열왕기하 말씀을 세 장씩 읽으며 마음을 말씀으로 가득 채워 보세요.

말씀 읽기 Mission

예 언제? 아침에 일어나서
어디서? 내 방 책상에서
어떻게? 큰 소리로 읽기 / 노트에 적으면서

언제?

어디서?

어떻게?

Encourage 인도 가이드

여호야다가 개혁을 일으켜 우상을 제거하자 온 백성이 기뻐하고 온 성이 평온하게 되었어요. 하나님은 우리도 이런 기쁨과 평안을 경험하길 원하세요. 이번 미션은 말씀 읽기예요. 우리 안에 있는 우상을 제거하는 방법은 우리 마음을 말씀으로 채우는 거예요. 언제 어디서 어떻게 말씀을 읽을지 적어 볼게요. (적는 시간을 준다.) 열왕기하 말씀을 매일 세 장씩 읽기로 해요. 우리 마음에 기쁨과 평안이 넘치길 기도하며 11단원 3과 공과 공부를 마치도록 할게요.

기도 하나님, 우리가 하나님께로 다시 돌아가야 할 이유를 알려 주셔서 감사합니다. 지금껏 하나님보다 다른 것을 더 의지하고 더 사랑했음을 회개합니다. 우리 마음에 우상이 아니라 하나님의 말씀이 가득 차게 해 주세요. 그래서 낙담이 아닌 기쁨을, 불안함이 아닌 평안함을 허락해 주세요. 사랑이 많으신 예수님의 이름으로 기도합니다. 아멘.

	평가 내용	상	중	하
1	인도자용 교재의 내용을 충분히 숙지한 후, 공과 공부를 인도했다.			
2	학생들이 성경의 내용을 이해하고 정확하게 숙지했다.			
3	학생들이 배운 내용을 바탕으로 실제적인 행동을 실천하기로 다짐했다.			
4	학생들의 공과 공부 참여도가 좋았다.			

11단원 4과

끝날 때까지 끝난 게 아니다

본문 **열왕기하 13장 14~25절**

암송 구절 "여호와께서 너를 실족하지 아니하게 하시며 너를 지키시는 이가 졸지 아니하시리로다"(시편 121편 3절).

원 포인트 하나님은 하나님의 백성을 지키신다.

학습 목표
1. 하나님은 하나님의 백성을 끝까지 지키신다는 사실을 설명할 수 있다. (인지적 학습 목표)
2. 하나님은 하나님의 백성을 끝까지 지키심을 믿을 수 있다. (감성적 학습 목표)
3. 백성을 끝까지 지키시는 하나님과 동행하며 살기를 실천한다. (행동적 학습 목표)

교사 수첩

본문 묵상	기도	큐티	가정예배	심방

본문 묵상 노트	
본문 묵상	

심방 노트	
심방 내용 (기도 제목)	

본문 배경

요아스 왕이 통치하던 시대에 엘리사가 병들어 죽게 되었습니다. 이 소식을 들은 요아스가 그를 찾아옵니다. 왕은 엘리사 앞에서 눈물을 흘리며 "내 아버지여 내 아버지여 이스라엘의 병거와 마병이여"(14절)라고 외칩니다. 요아스의 외침은 엘리사가 엘리야를 떠나보낼 때 했던 외침과 비슷합니다. 그만큼 요아스는 엘리사를 의지했습니다. 요아스가 집권할 당시 국력이 약해 이스라엘이 위기에 처할 때마다 엘리사가 기적적으로 나라를 구했기 때문입니다. 요아스에게 엘리사는 이스라엘의 병거와 마병 같은 존재였고, 자신을 든든히 지켜 주는 존재였습니다. 그런 엘리사가 이제 죽게 된 것입니다. 통곡하는 요아스를 안타까워하며 엘리사가 두 개의 징표를 베풉니다. 첫 번째는 동쪽 창문을 열고 창밖으로 화살을 쏘는 것입니다. 창밖으로 쏜 화살은 하나님이 아람을 이기게 하실 것을 상징하는 화살입니다. 두 번째는 화살을 집어 땅을 치는 것입니다. 요아스는 화살을 집어 땅을 세 번만 치고 그칩니다. 그러자 엘리사는 화를 내며 대여섯 번 쳤으면 아람을 진멸할 때까지 쳤을 거라고 말합니다. 이후 엘리사는 죽음을 맞이합니다. 엘리사가 죽었음에도 하나님은 아브라함, 이삭, 야곱과 맺은 언약 때문에 이스라엘에 은혜를 베푸십니다. 이스라엘이 아람에게 멸망당하지 않도록 지키고 보호하셨습니다. 하나님의 백성을 지키시는 분은 사람이 아니라 하나님입니다. 하나님은 자신의 백성을 저버리거나 쫓아내지 않으시고 반드시 지키십니다.

친구들, 한 주간 잘 지냈나요? 오늘도 친구들과 함께 삶과 말씀을 나눌 수 있어 참 감사해요. 오늘은 11단원 4과를 함께 공부할 거예요. 4과 제목을 같이 읽어 볼까요? (공과 제목을 함께 읽는다.) 잘 읽어 주었어요. 오늘 배울 원 포인트도 함께 읽어 볼게요. (원 포인트를 함께 읽는다.) 잘 읽어 주었어요. 이제 설교 시간에 들은 말씀을 기억하며 Welcome 활동을 시작해 볼게요.

단어 설명 **아벡(17절)** '요새화된 성읍'이라는 뜻으로, 갈릴리 호수 동쪽에 있던 블레셋 성읍이에요.

Welcome

역전승

운동 경기에서 지고 있던 팀이 마지막에 이기는 경우를 본 적이 있나요? 그때의 상황을 친구들과 나눠 보세요.

Welcome 인도 가이드

운동 경기에서 지고 있던 팀이 마지막에 이기는 경우를 본 적이 있나요? 생각해 보고 교재에 적어 볼게요. (적는 시간을 준다.) 다 적었으면 친구들과 나눠 볼게요. 어떤 경험이 있나요? (자유롭게 이야기를 나눈다.) 지고 있던 팀이 끝까지 포기하지 않고 마지막에 승리할 때 그 기쁨과 감격은 배가 돼요.

우리 삶에도 이런 역전의 기쁨이 있는지 생각해 보며 Adventure를 살펴보도록 할게요.

Adventure

Adventure 인도 가이드

설교 시간에 들은 말씀을 떠올리며 다음 질문에 답하는 시간을 갖도록 해요. 첫 번째 질문에 대한 답을 적어 볼게요. (적는 시간을 준다.) 다 적었나요?

Q1 요아스 왕은 죽어 가는 엘리사를 찾아가서 뭐라고 말했나요? (14절)

"내 아버지여 내 아버지여 이스라엘의 병거와 마병이여."

교사의 말 엘리사는 나이가 들어 병에 걸렸어요. 엘리사가 병들어 죽어 가고 있다는 소식에 요아스 왕은 엘리사를 찾아와 눈물을 흘리면서 "내 아버지여 내 아버지여 이스라엘의 병거와 마병이여"라고 말하며 슬퍼해요.

Q2 엘리사가 요아스 왕에게 동쪽 창으로 화살을 쏘라고 한 이유는 무엇인가요? (17절)

아람 사람을 멸절시키리라는 약속을 주기 위해

교사의 말 죽어 가는 엘리사는 요아스 왕에게 활과 화살을 가져오라고 시켰어요. 그리고 활을 잡고 화살을 쏘라고 해요. 그리고 자신의 손을 요아스의 손 위에 같이 올렸어요. 그가 이렇게 한 이유는 아람 사람을 멸절시키리라는 약속을 주기 위함이었어요.

Q3 요아스 왕이 화살을 땅에 세 번만 치자 엘리사는 어떤 반응을 보였나요? (19절)

노했음

교사의 말 요아스 왕에게 활을 쏘라고 하고 나서 엘리사는 다시 화살로 땅을 치라고 해요. 요아스가 땅을 세 번 치자 엘리사는 노했어요. 그리고 대여섯 번을 쳤으면 아람을 진멸했을 거라고 말했어요. 엘리사의 답변으로 봤을 때 요아스의 행동은 믿음에서 비롯된 것이 아니라 마지못해 한 행동이었다는 것을 알 수 있어요.

이 말씀을 가지고 Value 질문을 이어서 할게요.

Value

[모두 질문]

Q1 요아스 왕은 죽어 가는 엘리사를 찾아가서 "내 아버지여 이스라엘의 병거와 마병이여"라고 말했어요. 요아스 왕이 이렇게 말한 이유는 무엇일까요?

교사의 말 왕이 한 사람의 죽음을 이처럼 슬퍼하고 "내 아버지여 이스라엘의 병거와 마병이여"라고 말한 것은 특별한 반응이에요. 이 말은 엘리사가 선지자 엘리야가 하늘로 올라갔을 때 했던 말과 같아요. 요아스의 표현은 단지 한 개인이 아니라 하나님의 사람으로서 이스라엘 백성을 지켜 주고, 이방 민족과의 전쟁에서 승리하게 해 준 선지자의 죽음을 나타낸 거예요.

[개인 질문]

Q2 엘리사는 요아스 왕에게 동쪽 창으로 화살을 쏘라고 한 다음 아람 사람을 멸절시킬 것이라는 약속을 말했어요. 죽음을 앞둔 순간까지 왕에게 승리를 약속하는 엘리사를 보면서 어떤 생각이 드나요?

교사의 말 엘리사는 이제 곧 눈을 감게 되지만 자신의 죽음에 집중하지 않았어요. 오히려 요아스 왕에게 두 가지를 지시하며 하나님이 아람 군대로부터 이스라엘 백성을 지키시고 끝까지 보호하시리라는 사실을 말해 주고 있어요. 이처럼 우리도 하나님의 승리를 전하는, 그래서 죽음을 뛰어넘는 사람이 되어야 해요.

[서로 질문]

Q3 엘리사는 죽었지만 그가 요아스 왕에게 한 약속은 성취되었어요. 끝까지 약속을 지키시는 하나님이 나의 삶도 끝까지 지키시고 책임지실 것이라는 사실을 얼마나 확신하나요?

교사의 말 오늘 말씀 20절은 엘리사의 죽음을 이야기하고 있어요. 엘리사가 죽으면 모든 것이 끝날 것 같지만 이제부터가 시작이에요. 본문 22~25절을 보면 이스라엘 백성이 어떻게 아람 군대를 물리치는지 알 수 있어요. 결국 요아스 왕은 벤하닷을 세 번 쳐서 무찌르고 이스라엘 성읍들을 회복했어요. 이처럼 끝까지 약속을 지키시는 하나님이 우리의 삶도 끝까지 지키시고 승리하게 하실 거예요.

그럼 어떻게 해야 약속을 지키시는 하나님을 기억할 수 있을지 Encourage를 통해 살펴보도록 해요.

Encourage

엘리사는 죽었지만, 하나님은 그가 한 약속을 지키시며 이스라엘 백성을 보호해 주셨어요. 한 주간 나를 지키시는 하나님을 기억하며 말씀을 암송해 보세요.

말씀 암송 Mission

"여호와께서 너를 실족하지 아니하게 하시며 너를 지키시는 이가 졸지 아니하시리로다 이스라엘을 지키시는 이는 졸지도 아니하시고 주무시지도 아니하시리로다 여호와는 너를 지키시는 이시라 여호와께서 네 오른쪽에서 네 그늘이 되시나니 낮의 해가 너를 상하게 하지 아니하며 밤의 달도 너를 해치지 아니하리로다"(시 121:3~6).

Encourage 인도 가이드

하나님은 엘리사의 죽음 이후에도 신실하게 그분의 백성을 지키시는 분이에요. 다 끝났다고 생각하는 순간에도 하나님은 계속 일하셨어요. 우리 눈에는 보이지 않아도 하나님은 모든 위험에서 우리를 지켜 주세요. 이번 미션은 말씀 암송이에요. 시편 121편 3~6절을 암송하기로 해요. 이 말씀을 통해 하나님이 그분의 백성을 끝까지 지키시고 보호하셨던 것처럼 우리의 삶도 끝까지 보호하신다는 사실을 믿을 수 있게 될 거예요. 기도하고 11단원 4과 공과 공부를 마치도록 할게요.

기도 하나님, 연약한 우리를 끝까지 지키신다는 말씀을 주셔서 감사해요. 모든 것을 포기하고 싶은 마음이 들 때 이 말씀을 기억하며 끝까지 포기하지 않고 하나님이 주신 승리를 믿게 해 주세요. 우리를 모든 위협에서 지키시는 하나님과 동행하며 승리를 확신하는 삶을 살게 해 주세요. 사랑이 많으신 예수님의 이름으로 기도합니다. 아멘.

	평가 내용	상	중	하
1	인도자용 교재의 내용을 충분히 숙지한 후, 공과 공부를 인도했다.			
2	학생들이 성경의 내용을 이해하고 정확하게 숙지했다.			
3	학생들이 배운 내용을 바탕으로 실제적인 행동을 실천하기로 다짐했다.			
4	학생들의 공과 공부 참여도가 좋았다.			

12 단원

The Rule of the Kingdom of God #2

12단원 1과

지킬 것은 지켜

본문 **열왕기하 17장 13~23절**

암송 구절 "내가 네게 명령하는 이 모든 말을 너는 듣고 지키라 네 하나님 여호와의 목전에 선과 의를 행하면 너와 네 후손에게 영구히 복이 있으리라"(신명기 12장 28절).

원 포인트 하나님의 말씀을 듣고 지켜야 한다.

학습 목표
1. 하나님의 말씀을 듣고 지켜야 하는 이유를 설명할 수 있다. (인지적 학습 목표)
2. 하나님의 말씀을 듣고 지켜야 한다는 사실을 믿을 수 있다. (감성적 학습 목표)
3. 하나님의 말씀을 듣고 지키며 살기를 실천한다. (행동적 학습 목표)

교사 수첩

본문 묵상	기도	큐티	가정예배	심방

본문 묵상 노트	
본문 묵상	

심방 노트	
심방 내용 (기도 제목)	

본문 배경

호세아가 반역하여 베가를 암살하고 북이스라엘의 왕이 됩니다. 호세아는 앗수르의 간섭에서 벗어나기 위해 반앗수르 정책을 펼칩니다. 이런 이유로 애굽과 교섭하고자 하지만 수차례에 걸쳐 앗수르의 침략을 당한 애굽도 앗수르를 감당하지 못합니다. 결국 앗수르 왕 살만에셀은 북이스라엘을 침략해 호세아를 사로잡고 사마리아는 삼 년 만에 앗수르에게 함락됩니다. 살만에셀은 북이스라엘 백성을 포로로 사로잡아 앗수르로 끌고 가서 여러 지역으로 흐트러뜨렸습니다. 아히야 선지자의 예언대로 북이스라엘의 멸망은 현실이 되었습니다. 성경의 기자는 북이스라엘이 멸망한 원인을 두 가지로 요약해 이야기합니다. 첫째, 북이스라엘은 출애굽의 언약을 버리고 계명을 떠났기 때문입니다. 둘째, 그들이 여호와께서 싫어하시는 우상을 만들어 절함으로써 하나님의 진노를 사고 말았기 때문입니다. 또한 기자는 북이스라엘이 멸망한 원인을 여로보암이 저지른 죄악의 연속선상에서 이해하고 있습니다. 이스라엘은 여로보암의 악행을 떨쳐버리지 못하고 조상이 남긴 죄악의 유산을 청산하지 못했기에 멸망이라는 대가를 치르게 됩니다. 이들은 마침내 포로 생활의 비극을 겪게 되었습니다. 말씀에 불순종한 죄악은 민족 간의 분리, 약속의 땅으로부터의 분리, 더 나아가 여호와로부터의 분리를 초래하고 말았습니다. 하나님의 백성은 하나님의 말씀을 듣고 지켜야 합니다. 바로 하나님의 말씀에 순종해야 합니다.

친구들, 한 주간 잘 지냈나요? 오늘도 친구들과 함께 삶과 말씀을 나눌 수 있어 참 감사해요. 오늘은 12단원 1과를 함께 공부할 거예요. 1과 제목을 같이 읽어 볼까요? (공과 제목을 함께 읽는다.) 잘 읽어 주었어요. 오늘 배울 원 포인트도 함께 읽어 볼게요. (원 포인트를 함께 읽는다.) 잘 읽어 주었어요. 이제 설교 시간에 들은 말씀을 기억하며 Welcome 활동을 시작해 볼게요.

단어 설명 **선견자(13절)** 앞의 일을 미리 내다보는 식견이나 능력을 지닌 사람을 뜻해요.

Welcome

지켜야 하는 것

법이나 규칙을 어겨서 벌금을 내거나 어려움을 당한 적이 있는지 생각해 보고, 그때의 상황을 친구들과 나눠 보세요.

Welcome 인도 가이드

혹시 법을 어겨서 벌금을 내거나 어려움을 당한 적이 있나요? 생각해 보고 교재에 적어 볼게요. (적는 시간을 준다.) 다 적었으면 친구들과 나눠 볼게요. 어떤 상황이었나요? (자유롭게 이야기를 나눈다.) 모두 법을 어기면 벌금을 내거나 불이익을 당한다는 사실을 잘 알고 있을 거예요.

그렇다면 만약 하나님의 말씀을 지키지 않으면 어떻게 될지 Adventure를 통해 살펴보도록 할게요.

Adventure

Adventure 인도 가이드

설교 시간에 들은 말씀을 떠올리며 다음 질문에 답하는 시간을 갖도록 해요. 첫 번째 질문에 대한 답을 적어 볼게요. (적는 시간을 준다.) 다 적었나요?

Q1 하나님은 이스라엘 백성이 율법을 지키게 하기 위해서 누구를 보내셨나요? (13절)

선지자와 선견자

교사의 말 하나님은 이스라엘 백성에게 율법을 주셨어요. 또한 이 율법을 잘 지키게 하기 위해서 선지자와 선견자를 보내셨어요. 선지자는 하나님의 말씀을 전하는 사람이고, 선견자는 하나님이 앞으로 일하실 내용을 전하는 사람이에요.

Q2 **이스라엘 백성은 어떤 일을 행했나요? (16a절)**

여호와의 모든 명령을 버렸음

교사의 말 하나님이 율법을 주시고 선지자와 선견자를 보냈지만, 이스라엘 백성은 율법을 지키지 않았어요. 오히려 금송아지 우상을 만들고, 바알을 섬겼어요. 이를 두고 본문은 "여호와의 모든 명령을 버리고"라고 말하고 있어요.

Q3 **여호와를 떠나 범죄한 이스라엘 백성은 어떤 최후를 맞이하나요? (23절)**

앗수르에 사로잡혀 감

교사의 말 여호와의 모든 명령을 버린 이스라엘 백성은 결국 앗수르에 사로잡혀 갔어요. 이 결과는 그 순간 하나님이 행하신 일이 아니라 선지자를 통해 계속 경고하셨던 일이에요.

이 말씀을 가지고 Value 질문을 이어서 할게요.

Value

[모두 질문]

Q1 **하나님은 이스라엘 백성이 율법을 지키게 하려고 선지자와 선견자를 보내셨어요. 선지자의 역할은 무엇일까요?**

교사의 말 선지자는 하나님으로부터 말씀을 받아 하나님의 뜻을 백성에게 전하는 대언자예요. 율법을 지키면 하나님이 그들을 약속의 땅에서 번성하게 하시고, 하나님의 말씀에서 떠나면 그 땅에서 떠나게 하실 것이라는 말씀을 전했어요.

[개인 질문]

Q2 **여호와의 명령을 버린 이스라엘 백성은 구체적으로 어떤 행동을 했나요?**

교사의 말 여호와의 명령을 버렸다는 것은 소극적인 행동이 아닌 적극적인 행동을 했다는 뜻이에요. 하나님이 하지 말라고 하신 행동을 한 거예요. 대표적인 것이 바로 우상숭배예요. 이스라엘 백성은 금송아지, 바알, 아세라 우상을 만들어 섬겼어요.

[개인 질문]

Q3 여호와를 떠나 범죄한 이스라엘은 앗수르에 사로잡혀 갔어요. 하나님의 말씀에 불순종한 이스라엘 백성의 최후를 보면서 어떤 생각이 드나요?

교사의 말 하나님은 말씀을 지키시는 분이에요. 말씀에 순종했을 때 복을 주신다는 말씀도 지키시지만, 불순종했을 때 심판을 주신다는 말씀도 지키세요. 이 말씀을 반면교사로 삼아 우리도 하나님의 말씀에 순종해야 해요.

그럼 어떻게 해야 하나님의 말씀을 듣고 지킬 수 있을지 Encourage를 통해 살펴보도록 해요.

Encourage

하나님 말씀에 불순종한 이스라엘은 멸망했어요. 하나님이 우리에게 원하시는 삶은 하나님의 말씀을 듣고 지키는 거예요. 이런 삶이 가장 행복하고 안전한 삶이에요. 한 주간 매일 '주님 말씀하시면' 찬양을 들으며 따라 불러 보세요.

찬양 듣고 부르기 Mission

주님 말씀하시면

주님 말씀하시면 내가 나아가리다
주님 뜻이 아니면 내가 멈춰 서리다
나의 가고 서는 것 주님 뜻에 있으니
오 주님 나를 이끄소서

뜻하신 그곳에 나 있기 원합니다
이끄시는 대로 순종하며 살리니
연약한 내 영혼 통하여 일하소서
주님 나라와 그 뜻을 위하여
오 주님 나를 이끄소서

Encourage 인도 가이드

하나님은 오래 참으시는 분이에요. 하지만 계속 참지는 않으세요. 우리를 사랑하시기 때문에 고난을 줘서라도 다시 주께 돌아오도록 이끄세요. 이스라엘은 하나님의 말씀에 불순종해서 멸망했지만, 우리 친구들은 하나님 말씀에 순종해 승리하는 삶을 살기를 축복해요. 기도하고 12단원 1과 공과 공부를 마치도록 할게요.

기도 하나님 아버지, 하나님의 말씀에 순종해야 하는 이유를 알려 주셔서 감사해요. 성경을 의심하지 않게 하시고, 말씀에 순종할 수 있는 담대함을 주세요. 고난을 통해 우리를 하나님의 백성으로 불러 주시는 사랑을 다시 기억하게 해 주세요. 사랑이 많으신 예수님의 이름으로 기도합니다. 아멘.

	평가 내용	상	중	하
1	인도자용 교재의 내용을 충분히 숙지한 후, 공과 공부를 인도했다.			
2	학생들이 성경의 내용을 이해하고 정확하게 숙지했다.			
3	학생들이 배운 내용을 바탕으로 실제적인 행동을 실천하기로 다짐했다.			
4	학생들의 공과 공부 참여도가 좋았다.			

12단원 2과

주만 의지해

본문 **열왕기하 18장 1~12절**

암송 구절 "만군의 여호와여 주께 의지하는 자는 복이 있나이다"(시편 84편 12절).

원 포인트 하나님만 믿고 의지해야 한다.

학습 목표
1. 하나님만 믿고 의지해야 하는 이유를 설명할 수 있다. (인지적 학습 목표)
2. 하나님만 의지하는 자가 복이 있다는 사실을 믿을 수 있다. (감성적 학습 목표)
3. 하나님만 의지하며 살기를 실천한다. (행동적 학습 목표)

교사 수첩

본문 묵상	기도	큐티	가정예배	심방

본문 묵상 노트	
본문 묵상	

심방 노트	
심방 내용 (기도 제목)	

본문 배경

북이스라엘을 호세아 왕이 다스릴 당시 남유다에서는 아하스의 아들 히스기야가 왕이 되었습니다. 여호와께서 보시기에 히스기야는 그의 조상 다윗처럼 정직하게 행했습니다. 그의 아버지 아하스 시대까지 이어졌던 여러 산당을 제거하고 주상을 깨뜨리고 아세라 목상을 찍었습니다. 그리고 모세가 광야에서 뱀에 물려 죽어가는 백성을 구원하기 위해 만들었던 놋뱀을 이스라엘 자손이 '느후스단'이라고 이름을 지어 우상화하자 그것들도 부수었습니다. 히스기야 왕은 이스라엘의 하나님 여호와만 믿고 의지했습니다. 본문은 하나님만 의지하는 히스기야의 모습에 대해 유다의 여러 왕 가운데서 그런 자가 없었다고 말합니다. 그는 하나님께 충성되었고 하나님을 떠나지 않고 모세에게 명령하신 계명을 다 지켰습니다. 하나님은 하나님만 믿고 의지하는 히스기야가 하는 일마다 형통하게 하셨습니다. 히스기야 왕이 집권할 당시 북이스라엘은 앗수르에게 멸망당하고 맙니다. 성경의 기자는 의도적으로 북이스라엘의 멸망을 언급합니다. 그들이 멸망한 이유는 정치적 혼란이나 군사적 열세도 있었지만 가장 큰 이유는 하나님에 대한 불순종 때문이었습니다. 이들은 하나님의 말씀을 듣지도 따르지도 않았습니다(12절). 이를 통해 유다의 히스기야 왕이 하나님만 믿고 의지하며 따랐던 모습을 부각시키고 있습니다. 하나님만 믿고 의지한 백성의 결과와 불순종하며 배반한 백성의 결과는 극명한 차이를 보입니다. 하나님의 백성은 하나님만 믿고 의지하는 것이 중요합니다.

친구들, 한 주간 잘 지냈나요? 오늘도 친구들과 함께 삶과 말씀을 나눌 수 있어 참 감사해요. 오늘은 12단원 2과를 함께 공부할 거예요. 2과 제목을 같이 읽어 볼까요? (공과 제목을 함께 읽는다.) 잘 읽어 주었어요. 오늘 배울 원 포인트도 함께 읽어 볼게요. (원 포인트를 함께 읽는다.) 잘 읽어 주었어요. 이제 설교 시간에 들은 말씀을 기억하며 Welcome 활동을 시작해 볼게요.

단어 설명	**느후스단(4절)** '놋 조각'이라는 뜻으로, 이스라엘 백성이 광야 시절에 놋뱀을 보고 나음을 입었지만, 훗날에는 미신적인 숭배의 대상이 되었어요.

Welcome

내가 의지하는 것

내가 많이 의지하는 것이 무엇인지 아래에서 순서대로 골라 보세요.

하나님
가족
친구
스마트폰
성적
외모

Welcome 인도 가이드

우리 친구들이 의지하는 것은 무엇인가요? 아래에 나와 있는 여섯 가지를 의지하는 순서대로 적어 볼게요. (적는 시간을 준다.) 다 적었으면 친구들과 나눠 볼게요. 어떤 것을 의지하나요? (자유롭게 이야기를 나눈다.) 나눠 줘서 고마워요. 하나님은 하나님만 의지하는 삶을 살 때 복을 주세요.

Adventure를 통해 이 사실을 더 자세히 살펴보도록 할게요.

Adventure

Adventure 인도 가이드

설교 시간에 들은 말씀을 떠올리며 다음 질문에 답하는 시간을 갖도록 해요. 첫 번째 질문에 대한 답을 적어 볼게요. (적는 시간을 준다.) 다 적었나요?

Q1 히스기야 왕에 대한 평가는 어떠한가요? (5절)

히스기야처럼 여호와를 의지한 왕이 없었음

교사의 말 25세에 왕위에 오른 히스기야는 하나님만 의지한 왕이었어요. 그는 다윗의 모든 행위와 같이 정직하게 행했다는 평가를 받기도 했어요. 또한 히스기야 전이나 후에 그와 같은 왕이 없었다는 극찬을 받았어요.

Q2 하나님만 의지한 히스기야가 한 행동은 무엇인가요? (6절)

하나님을 떠나지 않고, 하나님이 모세에게 명령하신 계명을 지킴

교사의 말 하나님만 의지한 히스기야는 하나님과 연합하여 하나님을 떠나지 않았어요. 그리고 하나님이 모세에게 명령하신 계명을 지켰어요. 히스기야는 하나님이 주신 계명을 지키는 것이 왕으로서 자신이 해야 할 일이라고 생각했어요.

Q3 하나님은 히스기야에게 어떤 복을 주셨나요? (7a절)

어디로 가든지 형통하게 하심

교사의 말 하나님은 하나님만 의지한 히스기야가 어디로 가든지 형통하게 하셨어요. 그로 인해 히스기야는 그 당시 강대국이었던 블레셋과의 전쟁에서 승리해 자기 아버지가 잃어버렸던 지역을 되찾았어요.

이 말씀을 가지고 Value 질문을 이어서 할게요.

Value

[모두 질문]

Q1 히스기야는 하나님을 의지한 왕이었다고 기록되어 있어요. 이런 평가는 4절에서 각종 우상을 제거한 후에 내려졌어요. 이 둘은 어떤 관계가 있나요?

교사의 말 5절을 보면 히스기야가 여호와만 의지했다고 말하고 있어요. 앞 절인 4절을 보면 그가 각종 우상을 제거하는 모습이 등장해요. 이 두 가지 내용을 통해 알 수 있듯 하나님만 의지하는 것은 하나님의 명령을 지키는 거예요. 하나님은 우리에게 우상을 숭배하지 말라는 율법을 주셨어요. 하나님만 의지할 때 우리는 우상을 제거할 수 있어요.

[개인 질문]

Q2 하나님을 의지하는 것은 하나님의 계명을 지키는 것과 연결되어 있어요. 내가 순종하지 못하는 말씀은 무엇인가요?

교사의 말 앞 질문을 통해 하나님만 의지하는 것은 하나님의 계명을 지키는 일임을 배웠어요.

우리도 히스기야 왕처럼 하나님만 의지하고 하나님의 명령을 지켜 행해야 해요. 각자 개인적으로 어떤 말씀에 순종하지 못하는지 찾아보기로 해요. 그리고 그 말씀을 순종함으로써 하나님만 의지하기로 해요.

[서로 질문]

Q3 하나님은 하나님만 의지한 히스기야가 어디를 가든지 형통하게 해 주셨어요. 우리는 왕 같은 제사장으로 부름을 받았어요. 우리가 하나님만 의지할 때 어떤 결과가 있을까요?

교사의 말 하나님은 하나님만 의지한 히스기야에게 많은 복을 주셨어요. 외세의 침략으로부터 지켜 주셨고, 강대국의 압제에서 벗어나게 해 주셨어요. 본문은 그것을 '형통'이라고 말하고 있어요. 우리도 왕 같은 제사장으로 부름을 받았기 때문에 하나님만 의지하면 이런 형통을 누릴 수 있어요. 어디를 가든지 어떤 상황에 있든지 하나님이 형통하게 해 주실 거예요.

그러면 어떻게 해야 하나님만 의지할 수 있을지 Encourage를 통해 살펴보도록 해요.

Encourage

하나님만 의지한 히스기야는 각종 우상을 무너뜨렸어요. 하나님을 의지하는 삶은 하나님의 말씀에 순종하는 삶이에요. 한 주간 하나님을 의지해 순종하며 말씀 순종 리스트를 실천해 보세요.

주만 의지해 말씀에 순종하기 Mission

말씀 순종 리스트

◈ 욕이나 불평을 하지 않기 (잠 13:2)

◈ 부모님에게 공손하게 말하고 행동하기 (시 37:8)

◈ 다른 사람을 비판하거나 험담하지 않기 (마 7:1)

Encourage 인도 가이드

하나님은 하나님만 의지하는 것을 가장 기뻐하세요. 하나님의 말씀을 지킨다는 것은 말처럼 쉬운 일이 아니에요. 그러나 하나님이 기뻐하시는 삶을 살기 위해서는 어렵더라도 하나님의 말씀에 순종해야 해요. 이번 미션은 하나님만 의지하며 말씀에 순종하기예요. 하나님의 말씀에 순종해 욕이나 불평을 하지 않고(잠 13:2), 부모님께 공손하게 말하고 행동하며(시 37:8), 다른 사람을 비판하거나 험담하지 않기로 해요(마 7:1). 하나님만 의지하며 이 말씀들에 순종하기를 한 주간 실천해 보세요. 기도하고 12단원 2과 공과 공부를 마치도록 할게요.

기도 하나님 아버지, 하나님만 의지해 살아야 할 이유를 알려 주셔서 감사합니다. 하나님이 주신 말씀에 순종해 하나님이 기뻐하시는 삶을 살게 해 주세요. 왕 같은 제사장으로서 어디를 가든지 무엇을 하든지 형통한 은혜를 누리게 해 주세요. 사랑이 많으신 예수님의 이름으로 기도합니다. 아멘.

	평가 내용	상	중	하
1	인도자용 교재의 내용을 충분히 숙지한 후, 공과 공부를 인도했다.			
2	학생들이 성경의 내용을 이해하고 정확하게 숙지했다.			
3	학생들이 배운 내용을 바탕으로 실제적인 행동을 실천하기로 다짐했다.			
4	학생들의 공과 공부 참여도가 좋았다.			

12단원 3과

기도가 정답이다

본문 **열왕기하 20장 1~11절**

암송 구절 "너는 내게 부르짖으라 내가 네게 응답하겠고 네가 알지 못하는 크고 은밀한 일을 네게 보이리라"(예레미야 33장 3절).

원 포인트 하나님은 간절한 기도를 들으신다.

학습 목표
1. 하나님이 기도에 응답하신다는 사실을 설명할 수 있다. (인지적 학습 목표)
2. 기도에 응답하시는 하나님을 믿을 수 있다. (감성적 학습 목표)
3. 기도 응답에 확신하며 하나님께 기도하기를 실천한다. (행동적 학습 목표)

교사 수첩

본문 묵상	기도	큐티	가정예배	심방
본문 묵상 노트				
본문 묵상				
심방 노트				
심방 내용 (기도 제목)				

본문 배경

하나님 앞에서 가장 선하게 살았던 왕들 가운데 한 명인 히스기야에게 위기가 찾아왔습니다. 그가 병들어 죽게 된 것입니다. 아모스의 아들 선지자 이사야가 그에게 찾아와 "너는 집을 정리하라 네가 죽고 살지 못하리라"(1절)라고 말합니다. 이 소식을 들은 히스기야는 여호와께 기도하기 시작합니다. 그는 자신이 하나님 앞에서 선하게 행한 것을 기억해 달라고 통곡하며 기도합니다. 그의 기도에는 하나님이 약속하신 말씀에 근거해 하나님의 은총을 붙잡으려는 간절한 마음을 담겨 있었습니다. 히스기야의 간절한 기도에 하나님은 이사야를 통해 응답하십니다. 하나님은 히스기야에게 그의 기도를 들었고 그의 눈물을 보았다고 말씀하신 뒤 그를 낫게 해서 삼 일 만에 여호와의 성전에 올라가게 해 주고, 그의 생명이 15년 연장되게 해 주겠다고 약속하십니다. 또한 앗수르로부터 보호해 주겠다고 약속하십니다. 이사야의 말을 들은 히스기야는 하나님께 약속의 징표를 요구합니다. 이에 하나님은 해 그림자를 10도 뒤로 물러가게 하는 징표로 약속을 이루실 것을 보여 주십니다. 만물의 주관자 되신 하나님은 불가능한 히스기야의 요구에도 응답하시며 약속의 신실함을 보여 주십니다. 하나님은 히스기야의 간절한 기도를 들으셨고, 히스기야에게 그 응답에 대한 징표를 보여 주셨습니다. 하나님은 간절한 기도를 들으시고 신실하게 약속을 지키시는 분입니다.

친구들, 한 주간 잘 지냈나요? 오늘도 친구들과 함께 삶과 말씀을 나눌 수 있어 참 감사해요. 오늘은 12단원 3과를 함께 공부할 거예요. 3과 제목을 같이 읽어 볼까요? (공과 제목을 함께 읽는다.) 잘 읽어 주었어요. 오늘 배울 원 포인트도 함께 읽어 볼게요. (원 포인트를 함께 읽는다.) 잘 읽어 주었어요. 이제 설교 시간에 들은 말씀을 기억하며 Welcome 활동을 시작해 볼게요.

단어 설명	**징표(8절)** 어떤 사물을 다른 사물과 구별해 그것이 무엇인지를 나타내 보이는 뚜렷한 점을 말해요. **해시계(11절)** 해의 그림자로 시간을 측정하는 기구예요.

Welcome

어려운 일을 만날 때

어려운 일을 만나면 나는 어떻게 반응하고 해결하는지 생각해 보고, 친구들과 나눠 보세요.

Welcome 인도 가이드

어려운 일을 만났을 때 어떻게 반응하나요? 어떻게 그 어려움을 해결하나요? 이에 대해 생각해 보고 교재에 적어 볼게요. (적는 시간을 준다.) 다 적었으면 친구들과 나눠 볼게요. 어려운 일을 만났을 때 어떻게 해결하나요? (자유롭게 이야기를 나눈다.) 혹시 그림처럼 좌절하고 아무것도 하지 않는 친구는 없나요?

오늘 말씀을 통해 어려운 일을 만났을 때 어떻게 해결해야 하는지 알 수 있어요. 그 방법을 Adventure를 통해 살펴보도록 할게요.

Adventure

Adventure 인도 가이드

설교 시간에 들은 말씀을 떠올리며 다음 질문에 답하는 시간을 갖도록 해요. 첫 번째 질문에 대한 답을 적어 볼게요. (적는 시간을 준다.) 다 적었나요?

Q1 죽음에 대한 예언을 들은 히스기야는 어떤 행동을 하나요? (2절)

낯을 벽으로 향하고 여호와께 기도함

교사의 말 병든 히스기야는 자신이 해결할 수 없는 어려운 일을 만나게 되었어요. 이사야 선지자를 통해 그가 죽을 것이라는 예언을 들은 거예요. 그때 히스기야는 좌절하거나 그냥 죽음을 기다리지 않았어요. 낯을 벽으로 향하고 하나님께 기도했어요.

Q2 하나님은 히스기야에게 어떤 응답을 주셨나요? (5절)

그의 기도를 들었고 그의 눈물을 보았고 그를 낫게 하겠다고 말씀하심

교사의 말 히스기야는 하나님께 통곡하며 눈물로 간절히 기도했어요. 그러자 하나님이 히스기야의 기도에 응답해 주셨어요. "네 기도를 들었고 네 눈물을 보았노라"라고 말이에요. 또한 히스기야를 낫게 해 주시겠다는 응답도 주셨어요.

Q3 하나님이 히스기야의 기도를 들어주신 이유는 무엇인가요? (6b절)

하나님을 위하여, 다윗을 위하여

교사의 말 결과적으로 하나님은 히스기야의 기도에 응답해 주셨어요. 그는 죽을병에서 나음받고 15년을 더 살게 되었어요. 하나님은 히스기야의 기도를 들어주신 이유를 말씀하시는데, 그건 히스기야에게 있지 않았어요. 하나님과 하나님의 종 다윗을 위한 것이었어요.

이 말씀을 가지고 Value 질문을 이어서 할게요.

Value

[모두 질문]

Q1 죽음에 대한 예언을 들은 히스기야는 낯을 벽으로 향하고 여호와께 기도했어요. 히스기야는 어떻게 이런 상황에서도 기도할 수 있었을까요?

교사의 말 히스기야는 자신이 죽는다는 예언을 듣고 하나님께 엎드려 기도했어요. 히스기야는 다른 방법이 없었기 때문에 기도했어요. 또한 하나님이 기도에 응답해 주시리라는 확신이 있었기 때문에 기도할 수 있었어요.

[서로 질문]

Q2 하나님은 히스기야에게 "네 기도를 들었고 네 눈물을 보았노라"라고 응답하시며 그를 낫게 하겠다고 말씀하셨어요. 히스기야처럼 응답을 받은 경험이 있나요?

교사의 말 하나님은 반드시 기도에 응답해 주세요. 하나님은 히스기야가 흘린 눈물을 보셨고, 히스기야가 한 기도를 다 들으셨어요. 실제로 병도 낫게 해 주셨어요. 하나님은 자녀의 기도를 들어주세요. 기도 응답의 경험이 많아지길 축복해요.

[서로 질문]

Q3 하나님은 히스기야의 기도를 들어주신 이유를 '하나님 자신'과 '다윗을 위하여'라고 말씀하셨어요. 이에 대해 우리는 하나님께 어떤 반응을 보여야 할까요?

교사의 말 참 흥미로운 내용이 나와요. 하나님이 히스기야의 기도에 응답해 주신 이유는 히스기야가 잘했기 때문이라고 생각했을 거예요. 그러나 하나님은 하나님 자신을 위한 것이라고 말씀하셨어요. 그리고 하나님의 종 다윗을 위한 것이라고 말씀하셨어요. 이 말은 하나님이 약속하셨고, 그 약속을 지키셨다는 의미예요. 그러므로 우리는 늘 하나님의 영광을 위해 살아야 해요.

그럼 어떻게 해야 전심으로 기도할 수 있을지 Encourage를 통해 살펴보도록 해요.

Encourage

히스기야는 스스로 해결할 수 없는 일을 만났을 때 기도했어요. 하나님은 히스기야의 간절한 기도에 응답하셨어요. 한 주간 말씀을 암송하며 스스로 해결할 수 없는 어려운 일을 놓고 기도해 보세요.

암송과 기도 Mission

"너는 내게 부르짖으라 내가 네게 응답하겠고 네가 알지 못하는 크고 은밀한 일을 네게 보이리라"(렘 33:3).

Encourage 인도 가이드

히스기야는 죽음 앞에서 하나님께 기도하는 것을 선택했어요. 우리는 자신의 힘으로 해결할 수 없는 어려운 일을 만날 수 있어요. 그때 좌절하거나 낙심하지 말고 말씀에 의지하며 기도해야 해요. 이번 미션은 암송과 기도예요. 예레미야 33장 3절을 암송하고 나서 이 말씀을 선포하며 우리 앞에 놓인 문제를 놓고 기도해요. 우리 친구들이 기도의 응답을 경험하길 바라요. 기도하고 12단원 3과 공과 공부를 마치도록 할게요.

기도 하나님, 우리의 눈물을 보시고 우리가 부르짖는 기도를 들어주셔서 감사합니다. 해결할 수 없는 문제를 만날 때 좌절하거나 낙심하지 않고 기도하게 해 주세요. 하나님의 크신 계획을 알려 주셔서 시련을 이겨 내도록 도와주세요. 사랑이 많으신 예수님의 이름으로 기도합니다. 아멘.

	평가 내용	상	중	하
1	인도자용 교재의 내용을 충분히 숙지한 후, 공과 공부를 인도했다.			
2	학생들이 성경의 내용을 이해하고 정확하게 숙지했다.			
3	학생들이 배운 내용을 바탕으로 실제적인 행동을 실천하기로 다짐했다.			
4	학생들의 공과 공부 참여도가 좋았다.			

12단원 4과

다시 하나님 말씀으로

본문 **열왕기하 22장 8~20절**

암송 구절 "우슬초로 나를 정결하게 하소서 내가 정하리이다 나의 죄를 씻어 주소서 내가 눈보다 희리이다"(시편 51편 7절).

원 포인트 하나님의 말씀을 듣고 회개해야 한다.

학습 목표
1. 하나님의 말씀을 들어야 하는 이유를 설명할 수 있다. (인지적 학습 목표)
2. 회개하면 하나님이 받아 주신다는 사실을 믿을 수 있다. (감성적 학습 목표)
3. 하나님의 말씀을 듣고 회개하기를 실천한다. (행동적 학습 목표)

교사 수첩

본문 묵상	기도	큐티	가정예배	심방
본문 묵상 노트				
본문 묵상				
심방 노트				
심방 내용 (기도 제목)				

본문 배경

므낫세의 손자, 아몬의 아들인 요시야가 뒤를 이어 유다의 왕이 되었습니다. 그의 할아버지와 아버지는 우상을 섬기며 여호와 보시기에 악을 행했습니다. 그러나 요시야는 그의 조상과 같지 않고 여호와 보시기에 정직하게 행하고 다윗의 모든 길로 행했습니다. 요시야가 왕이 된 지 18년째 되던 해, 왕의 서기관 사반을 여호와의 성전에 보내 대제사장 힐기야에게 성전을 수리하도록 합니다. 대제사장 힐기야는 성전을 수리하는 과정에서 율법책을 발견하고, 그 율법책을 왕의 서기관 사반에게 넘겨줍니다. 율법책을 읽은 사반은 발견한 책을 가지고 가서 왕에게 보고합니다. 요시야는 율법책에 적힌 말씀을 듣고 옷을 찢으며 슬퍼합니다. 그리고 두려움에 떨며 예언자에게 하나님의 말씀에 대해 물어보라고 명합니다. 여선지자 훌다는 요시야가 율법책에서 읽은 대로 하나님의 심판이 임하리라고 말합니다. 이는 유다 백성이 지켜야 할 말씀을 지키지 않았고 우상을 만들어 섬겼기 때문입니다. 그리하여 유다를 향한 하나님의 진노가 꺼지지 않으리라고 말합니다(17절). 하나님의 말씀을 들은 뒤 회개하고 뉘우치며 겸손한 모습을 보였기 때문에 요시야는 나라의 멸망을 보지 않고 평안히 죽게 될 것이라고 말합니다. 요시야는 하나님께 은혜를 입었습니다. 제사장이나 서기관, 그 어떤 백성도 회개하지 않았을 때 유일하게 하나님의 말씀을 듣고 하나님 앞에 회개한 요시야는 은혜를 경험하게 됩니다.

친구들, 한 주간 잘 지냈나요? 오늘도 친구들과 함께 삶과 말씀을 나눌 수 있어 참 감사해요. 오늘은 12단원 4과를 함께 공부할 거예요. 4과 제목을 같이 읽어 볼까요? (공과 제목을 함께 읽는다.) 잘 읽어 주었어요. 오늘 배울 원 포인트도 함께 읽어 볼게요. (원 포인트를 함께 읽는다.) 잘 읽어 주었어요. 이제 설교 시간에 들은 말씀을 기억하며 Welcome 활동을 시작해 볼게요.

Welcome

후회가 아닌 순종

부모님이나 선생님의 말을 듣지 않아 뒤늦게 후회한 적이 있나요?

Welcome 인도 가이드

부모님이나 선생님의 말을 듣지 않아 뒤늦게 후회한 적이 있나요? 생각해 보고 교재에 적어 볼게요. (적는 시간을 준다.) 다 적었으면 친구들과 나눠 볼게요. (자유롭게 이야기를 나눈다.) 게임을 줄이라는 부모님의 말씀을 들으면 후회할 일이 없을 거예요. 그리고 공부에 대한 선생님의 조언들 들으면 후회할 일이 생기지 않아요. 오늘 말씀을 통해 우리가 삶에서 후회하지 않으려면 어떻게 해야 하는지 알 수 있어요.

이 방법을 Adventure를 통해 자세히 살펴보도록 할게요.

Adventure

Adventure 인도 가이드

설교 시간에 들은 말씀을 떠올리며 다음 질문에 답하는 시간을 갖도록 해요. 첫 번째 질문에 대한 답을 적어 볼게요. (적는 시간을 준다.) 다 적었나요?

Q1 대제사장 힐기야는 여호와의 성전에서 무엇을 발견했나요? (8절)

율법책

교사의 말 성전을 수리하는 과정에서 놀라운 일이 일어났어요. 대제사장 힐기야가 여호와의 성전에서 율법책을 발견한 거예요. 힐기야는 서기관 사반에게 이 사실을 알렸어요.

Q2 율법책의 내용을 들은 요시야 왕은 어떻게 반응했나요? (11절)

자신의 옷을 찢음

교사의 말 율법책의 내용을 들은 요시야 왕은 자신의 옷을 찢었어요. 하나님의 말씀에는 힘이 있어요. 그래서 하나님의 말씀을 들은 요시야는 말씀의 힘에 압도당해 하나님 앞에서 회개하며 자신의 옷을 찢을 수밖에 없었어요.

Q3 여호와가 유다 백성에게 진노를 내리신 이유는 무엇인가요? (13b절)

율법의 말씀을 듣지 않고 기록된 모든 것을 행하지 않아서

교사의 말 요시야 왕은 율법책을 통해 유다가 하나님의 언약을 어겨서 심판 아래 놓이게 되었다는 사실을 깨달았어요. 하나님의 말씀을 듣지 않고, 말씀에 기록된 것을 행하지 않으면 심판을 받으리라는 말씀을 들었기 때문이에요.

이 말씀을 가지고 Value 질문을 이어서 할게요.

Value

[모두 질문]

Q1 대제사장 힐기야는 여호와의 성전에서 율법책을 발견했어요. 중요한 율법책이 버려져 있었다는 사실을 어떻게 생각하나요?

교사의 말 당시 유다가 영적으로 얼마나 어두웠는지 알 수 있는 대목이에요. 왕이 나라를 다스리는 데 가장 중요한 것은 율법책이었어요. 그런데 그 율법책이 성전 어딘가에 버려져 있었다는 사실은 그들이 하나님 없이 나라를 다스렸다는 말이에요. 하나님 나라의 백성으로 시작한 그들이 하나님을 버렸다는 것을 알 수 있어요.

[모두 질문]

Q2 율법책의 내용을 들은 요시야 왕은 옷을 찢었어요. 옷을 찢는 행위의 의미는 무엇일까요?

교사의 말 성경에서 옷을 찢는다는 것은 보통 슬픔, 분노, 고통을 표현하는 행위였어요. 특별히 여기서는 하나님에게서 떠난 자신과 민족의 죄를 깨닫고 하나님 앞에서 회개하는 모습을 표현해요. 요시야 왕은 선조들이 지었던 죄와 그 당시 사람들이 우상

숭배를 하는 것에 대한 슬픔으로 자신의 옷을 찢었어요.

[개인 질문]

Q3 유다 백성이 말씀을 듣지 않고 기록된 대로 행하지 않아서 하나님이 진노를 내리셨어요. 내 삶에 말씀이 사라지고 말씀에 순종하지 않는 모습이 있나요?

교사의 말 대제사장 힐기야가 발견한 율법책은 신명기였거나 모세오경이었을 거예요. 거기에 축복과 저주의 내용이 나오기 때문이에요. 이 말씀에 따라 하나님의 말씀에 순종하지 않은 유다 백성은 하나님의 진노 아래에 있었던 거예요. 우리도 하나님의 말씀을 믿고 순종하지 않으면 하나님의 진노 아래 있을 수밖에 없어요. 우리는 예수님이 우리의 모든 죄를 사하셨다는 말씀을 믿어야 해요. 예수님을 믿으면 하나님의 진노가 아닌 은혜 아래에 살 수 있어요.

그럼 어떻게 해야 다시 하나님의 말씀을 따라 살 수 있는지 Encourage를 통해 살펴보도록 해요.

Encourage

버려져 있던 율법책의 내용을 따라 나라를 다스리자 모든 것이 바뀌었어요. 모든 것은 하나님의 말씀에서 시작돼요. 이전에는 교회를 다녔지만 지금 교회를 떠나 있는 친구가 있나요? 한 주간 말씀을 전하는 전달자가 되어 친구에게 말씀을 공유해 보세요.

말씀 공유 Mission

공유할 말씀

"아버지께 참되게 예배하는 자들은 영과 진리로 예배할 때가 오나니 곧 이때라 아버지께서는 자기에게 이렇게 예배하는 자들을 찾으시느니라"(요 4:23).

공유할 내용

OOO아, 다시 너와 함께 예배했으면 좋겠어. 하나님이 너를 기다리고 계셔. 이번 주에 같이 교회 가자.

Encourage 인도 가이드

하나님은 우리만 회개하고 다시 하나님의 말씀대로 사는 것을 원하지 않으세요. 우리가 메신저가 되어 하나님의 말씀을 전하기를 원하세요. 이번 미션은 말씀 공유하기예요. 이전에는 같이 교회에 다녔지만 지금은 교회를 떠난 친구가 있는지 생각해 보세요. (생각할 시간을 준다.) 떠오른 친구에게 요한복음 4장 23절 말씀을 보내고, 다음에 있는 내용을 이어서 보내기로 해요. 한 주간 다시 말씀으로 살기를 바라며, 기도하고 12단원 4과 공과 공부를 마치도록 할게요.

기도 하나님 아버지, 다시 하나님의 말씀으로 돌아오도록 이끌어 주셔서 감사합니다. 하나님의 말씀을 떠나 살려 했던 마음을 회개합니다. 하나님의 말씀을 떠나지 않고 말씀에 순종할 수 있는 믿음을 주세요. 적극적으로 하나님의 말씀을 전하는 우리 친구들이 되게 해 주세요. 회개하고 돌아왔을 때 언제든지 받아 주시는 사랑이 많으신 예수님의 이름으로 기도합니다. 아멘.

	평가 내용	상	중	하
1	인도자용 교재의 내용을 충분히 숙지한 후, 공과 공부를 인도했다.			
2	학생들이 성경의 내용을 이해하고 정확하게 숙지했다.			
3	학생들이 배운 내용을 바탕으로 실제적인 행동을 실천하기로 다짐했다.			
4	학생들의 공과 공부 참여도가 좋았다.			

12단원 5과

행동에 뒤따르는 결과

본문 **열왕기하 25장 1~17절**

암송 구절 "그러므로 하나님의 능하신 손 아래에서 겸손하라 때가 되면 너희를 높이시리라"(베드로전서 5장 6절).

원 포인트 하나님 앞에서 겸손해야 한다.

학습 목표
1. 하나님 앞에서 겸손해야 하는 이유를 설명할 수 있다. (인지적 학습 목표)
2. 하나님 앞에서 겸손하게 살기로 결단한다. (감성적 학습 목표)
3. 하나님 앞에서 겸손하게 살기를 실천한다. (행동적 학습 목표)

교사 수첩

본문 묵상	기도	큐티	가정예배	심방

본문 묵상 노트	
본문 묵상	

심방 노트	
심방 내용 (기도 제목)	

본문 배경

유다의 마지막 왕 시드기야가 왕위에 오른 지 9년째 되던 해, 바벨론의 왕 느부갓네살이 그의 모든 군대를 거느리고 예루살렘으로 쳐들어 왔습니다. 그리고 성을 공격하기 위해 주변을 에워싸고 성 둘레에 흙 언덕을 쌓았습니다. 바벨론 군대는 예루살렘이 멸망할 때까지 일년 반 동안 성을 포위했습니다. 성안은 곡물 공급이 차단되어 기근이 심해지고, 성 밖은 바벨론 군대의 공격으로 성벽이 파괴됩니다. 시드기야 왕은 도망치다가 바벨론 군대에게 잡힙니다. 그들은 시드기야를 심문하고 그의 아들들을 그의 눈앞에서 죽이고 두 눈을 빼고 놋사슬로 결박해 바벨론으로 끌고 갔습니다. 바벨론 왕의 시위 대장 느부사라단은 예루살렘의 성전과 왕궁을 불사르고 모든 집을 불사릅니다. 또한 예루살렘에 남은 백성과 항복한 백성을 모두 사로잡아 갑니다. 성전에서 제사 지낼 때 사용하는 성전의 모든 기구도 가져갑니다. 성전 기구를 옮긴 것은 고대 근동에서 승리한 나라의 군대가 패배한 나라의 신상을 포로로 잡아 자기 신전에 가져다 두는 당시 관행 때문이었습니다. 그러나 예루살렘 성전에는 신상이 없어 제사 기구를 대신 가져간 것입니다. 이는 하나님의 성전이 있는 예루살렘임에도 목이 곧은 백성처럼 이스라엘이 회개하지 않고 끝까지 죄를 범한 결과입니다. 하나님은 당시 예레미야 선지자뿐 아니라 솔로몬이 성전을 건축할 때도 이미 경고하셨습니다(왕상 6:11~13). 자신들은 선민이며 성전이 자신들을 안전하게 지켜 줄 것이라고 교만하게 굴던 백성에게 공의의 하나님은 말씀하신 대로 행하셨습니다. 우리는 오직 하나님 앞에서 겸손하게 말씀에 순종하는 모습을 보여야 합니다.

친구들, 한 주간 잘 지냈나요? 오늘도 친구들과 함께 삶과 말씀을 나눌 수 있어 참 감사해요. 오늘은 12단원 5과를 함께 공부할 거예요. 5과 제목을 같이 읽어 볼까요? (공과 제목을 함께 읽는다.) 잘 읽어 주었어요. 오늘 배울 원 포인트도 함께 읽어 볼게요. (원 포인트를 함께 읽는다.) 잘 읽어 주었어요. 이제 설교 시간에 들은 말씀을 기억하며 Welcome 활동을 시작해 볼게요.

단어 설명	**토성(1절)** 흙으로 쌓아 올린 성으로, 적의 성을 포위 공격하기 위해 적의 성보다 더 높이 쌓은 언덕을 말해요.

Welcome

당연한 결과

선생님 말씀을 듣지 않아 시험을 망친 경험이 있는지 생각해 보고, 친구들과 나눠 보세요.

Welcome 인도 가이드

선생님의 말씀을 듣지 않아 시험을 망친 적이 있나요? 생각해 보고 교재에 적어 볼게요. (적는 시간을 준다.) 다 적었으면 친구들과 나눠 볼게요. (자유롭게 이야기를 나눈다.) 겸손하게 선생님의 말씀을 듣지 않으면 시험에서 좋지 않은 결과를 받는 것은 당연한 일이에요.

겸손하게 하나님의 말씀에 순종하지 않을 때 어떤 일이 일어나는지 Adventure를 통해 살펴보도록 할게요.

Adventure

Adventure 인도 가이드

설교 시간에 들은 말씀을 떠올리며 다음 질문에 답하는 시간을 갖도록 해요. 첫 번째 질문에 대한 답을 적어 볼게요. (적는 시간을 준다.) 다 적었나요?

Q1 바벨론이 예루살렘 성을 포위한 지 18개월쯤 되었을 때 어떤 일이 일어났나요? (3절)

성안에 기근이 심해 먹을 양식이 떨어짐

교사의 말 바벨론 왕 느부갓네살이 모든 군대를 거느리고 예루살렘을 치러 왔어요. 그는 성안에 있는 백성을 굶주리게 하고 항복을 받아 내기 위해 성 주위에 진을 치고 포위했어요. 18개월쯤 되었을 때는 기근이 심해 성안 백성의 양식이 떨어졌어요.

Q2 시드기야 왕은 리블라에 있던 바벨론 왕에게 끌려가 어떤 일을 당했나요? (6~7절)

심문을 당하고, 아들들이 눈앞에서 죽임당하고, 두 눈이 뽑힘

교사의 말 시드기야는 리블라에 있던 바벨론 왕에게 잡혀가서 심문을 당했어요. 그리고 아들들이 죽는 것을 눈앞에서 보게 되고, 그의 두 눈은 뽑히게 되었어요. 왕이었던 시드기야가 무력한 포로 신세가 된 거예요.

Q3 바벨론의 시위대장 느부사라단이 예루살렘에서 한 일은 무엇인가요? (9절)

성전과 왕궁과 예루살렘의 모든 집을 불사름

교사의 말 시드기야 왕이 바벨론에 잡혀간 뒤 바벨론은 본격적으로 예루살렘 성과 도시를 공격하기 시작했어요. 느부갓네살의 시위대 장관이었던 느부사라단은 예루살렘으로 가서 성을 불태우고 성벽을 부수었어요. 그리고 성뿐만 아니라 예루살렘 도시까지 다 파괴했어요.

이 말씀을 가지고 Value 질문을 이어서 할게요.

Value

[모두 질문]

Q1 바벨론이 예루살렘 성을 포위한 지 18개월쯤 되자 예루살렘에 기근이 심해 먹을 것이 없었어요. 이런 상황이 생긴 이유는 무엇일까요?

교사의 말 예루살렘이 이렇게 비참한 상황에 처하게 된 것에는 이유가 있었어요. 시드기야 왕이 하나님을 의지하기보다 거짓 선지자의 말을 믿고 이방 나라를 의지했기 때문이에요. 하나님을 의지하지 않고 다른 것을 의지하면 이런 결과가 나오게 돼요.

[모두 질문]

Q2 시드기야 왕이 리블라에 있던 바벨론 왕에게 끌려가 심문을 받았어요. 그때 시드기야는 어떤 마음이었을까요?

교사의 말 시드기야가 심문을 받은 내용이 나오는데 너무 끔찍해요. 그가 보는 앞에서 그의 아들들이 죽고, 그는 눈을 뽑혔어요. 그는 하나님을 의지하지 않고 다른 나라를 의지한 것에 대해 후회했을 거예요. 후회하기 전에 하나님께 돌이켰어야 해요.

[개인 질문]

Q3 **느부갓네살이 그의 시위대장 느부사라단을 예루살렘에 보내 성전과 예루살렘 도시를 불사르고 파괴했어요. 하나님이 세우신 나라가 결국 무너졌어요. 내 삶에도 이렇게 무너진 부분이 있나요?**

교사의 말 예루살렘 성은 불탔고 성벽은 무너져 내렸어요. 우리 삶에도 이처럼 무너진 영역이 있는지 살펴보아야 해요. 하나님만을 신뢰하지 않을 때 우리 삶에도 이렇게 무너지는 영역이 생겨요. 그러므로 다시 하나님만 의지하고 주께 돌아가겠다는 헌신과 결단을 해야 해요.

그럼 어떻게 해야 무너진 영역을 다시 세울 수 있을지 Encourage를 통해 살펴보도록 해요.

Encourage

예루살렘 성벽이 결국 무너졌어요. 하나님을 신뢰하지 않고 다른 것을 의지한 결과예요. 우리는 삶에 이런 일이 일어나지 않도록 조심해야 해요. 가정, 교회, 학교에서 무너진 영역이 무엇인지 생각해 보고, 어떻게 다시 세울지 적어 보세요.

무너진 영역 세우기 Mission

예 가정 - 부모님과 함께 가정예배 드리기
교회 - 설교 시간에 필기하면서 듣기
학교 - 수업 시작 전후에 기도하기

가정 |

교회 |

학교 |

Encourage 인도 가이드

하나님은 우리 삶이 무너지는 것을 원하지 않으세요. 그래서 이번 미션은 무너진 영역 세우기예요. 가정과 교회와 학교에서 각각 어떻게 무너진 부분을 회복할 것인지 적어 볼게요. 예를 들어 가정에서는 부모님과 함께 가정예배 드리기, 교회에서는 설교 시간에 필기하면서 듣기, 학교에서는 수업 시작 전후에 기도하기 같은 결단을 하기로 해요. 그러면 각 영역에서 어떻게 무너진 영역을 다시 세울지 적어 볼게요. (생각한 뒤 적는 시간을 준다.) 적은 내용을 바탕으로 한 주간 무너진 영역을 다시 세우기를 바라며, 기도하고 12단원 5과 공과 공부를 마치도록 할게요.

기도 하나님, 하나님을 의지하지 않았을 때 어떤 결과가 따라오는지 알려 주셔서 감사합니다. 우리 삶에 하나님을 믿지 않는 영역이 있다면 알려 주세요. 또한 회개하고 무너진 영역을 회복하도록 도와주세요. 가정과 교회와 학교에서 하나님과 늘 동행하게 해 주세요. 사랑이 많으신 예수님의 이름으로 기도합니다. 아멘.

	평가 내용	상	중	하
1	인도자용 교재의 내용을 충분히 숙지한 후, 공과 공부를 인도했다.			
2	학생들이 성경의 내용을 이해하고 정확하게 숙지했다.			
3	학생들이 배운 내용을 바탕으로 실제적인 행동을 실천하기로 다짐했다.			
4	학생들의 공과 공부 참여도가 좋았다.			

절기 공과

The Rule of the Kingdom of God #2

추수 감사 주일 감사할 수 있는 이유

성탄 주일 굿 뉴스(Good News)

추수 감사 주일

감사할 수 있는 이유

본문 **로마서 6장 17~23절**

암송 구절 "이제는 너희가 죄로부터 해방되고 하나님께 종이 되어 거룩함에 이르는 열매를 맺었으니 그 마지막은 영생이라"(로마서 6장 22절).

원 포인트 영생을 주신 하나님께 감사해야 한다.

학습 목표
1. 영생을 주신 하나님께 왜 감사해야 하는지 설명할 수 있다. (인지적 학습 목표)
2. 영생을 주신 하나님을 믿을 수 있다. (감성적 학습 목표)
3. 영생을 주신 하나님께 감사하며 살기를 실천한다. (행동적 학습 목표)

교사 수첩

본문 묵상	기도	큐티	가정예배	심방

본문 묵상 노트	
본문 묵상	

심방 노트	
심방 내용 (기도 제목)	

본문 배경

로마서는 바울이 기록한 책으로, 하나님이 예수 그리스도의 복음을 믿지 않는 자를 심판하시고, 동시에 믿는 자에게는 구원의 자비를 베푸심을 이야기합니다. 바울은 특히 우리의 이전 상태를 기억시켜 줍니다. 우리는 본래 죄의 종이었습니다. 그러나 이제는 이 일이 과거의 일이 되었음에 감사한다고 말합니다. 죄에서 홀가분하게 된 것은 우리 스스로 주인 노릇을 하는 것이 아니라 하나님의 의의 종이 되었음을 말합니다. 바울은 그리스도인이 된다는 것은 거듭났고 그리스도 안에 있는 것을 뜻한다고 강조합니다. 믿음은 하나님의 말씀과 계획에 대한 전인적인 순종이 따릅니다. 구원받은 자의 징표는 삶의 방향성에 변화가 찾아온 곳에서 찾을 수 있습니다. 이전에는 죄를 주인으로 섬겼지만 이제 그리스도와 연합한 자들은 하나님을 주인으로 섬깁니다. 우리는 하나님께 자신을 내맡겨야 합니다. 우리 몸의 어떤 기능이든지 죄의 도구로 이용되도록 허용해서는 안 됩니다. 이는 우리의 모든 것을 하나님께 능동적으로 드려야 함을 말합니다. 삶의 모든 영역에서 하나님의 영광을 위해 살아야 합니다. 거룩하게 살아야 합니다. 이는 하나님의 명령입니다. 이 명령은 그리스도와 연합되어 있기에 가능합니다. 따라서 신자는 이제 순전함과 정직함과 의로움의 종이 되었습니다. 이런 거룩한 삶은 결국 영생을 말합니다. 영생은 하나님을 아는 것을 뜻하고, 하나님의 영광 가운데 영원한 생명을 소유한 존재가 될 것을 뜻합니다. 신자는 영생의 축복을 경험하게 되었음에 감사하면서 영생을 누리며 살아가야 할 존재입니다.

친구들, 한 주간 잘 지냈나요? 오늘도 친구들과 함께 삶과 말씀을 나눌 수 있어 참 감사해요. 오늘은 추수 감사 주일로, 이와 관련된 말씀을 공부할 거예요. 제목을 같이 읽어 볼까요? (공과 제목을 함께 읽는다.) 잘 읽어 주었어요. 오늘 배울 원 포인트도 함께 읽어 볼게요. (원 포인트를 함께 읽는다.) 잘 읽어 주었어요. 이제 설교 시간에 들은 말씀을 기억하며 Welcome 활동을 시작해 볼게요.

단어 설명	**지체(19절)** 신체의 각 부분을 뜻하며, 죄에 지배되기 쉬운 약한 인성을 상징하기도 해요.

Welcome

감사의 고백

최근에 누군가에게 진심으로 감사하다고 고백한 적이 있는지 생각해 보고, 친구들과 나눠 보세요.

Welcome 인도 가이드

최근에 누군가에게 진심으로 감사하다고 고백한 적이 있나요? 이에 대해 생각해 보고 교재에 적어 볼게요. (적는 시간을 준다.) 다 적었으면 친구들과 나눠 볼게요. 누군가에게 진심으로 감사하다고 고백한 적은 언제인가요? (자유롭게 이야기를 나눈다.) 교재에 나온 그림처럼 의사 선생님이 병을 치료해 주었을 때 우리는 진심으로 감사하다고 전할 수 있어요. 그런데 우리가 진심으로 감사를 고백해야 할 분이 있어요.

그분이 누구인지 Adventure를 통해 살펴보도록 할게요.

Adventure

Adventure 인도 가이드

설교 시간에 들은 말씀을 떠올리며 다음 질문에 답하는 시간을 갖도록 해요. 첫 번째 질문에 대한 답을 적어 볼게요. (적는 시간을 준다.) 다 적었나요? 하나씩 살펴볼게요.

Q1 하나님께 감사해야 하는 이유는 무엇인가요? (17~18절)

죄의 종이었던 우리가 죄로부터 해방되어 의의 종이 되게 하셨기 때문

교사의 말 사도 바울은 하나님께 감사해야 하는 이유가 무엇인지 말하고 있어요. 우리는 죄의 종이었어요. 그런데 하나님이 예수님을 이 땅에 보내 주셔서 우리를 죄에서 해방시켜 주셨을 뿐 아니라 의의 종이 되게 해 주셨어요.

Q2 죄의 대가는 무엇인가요? (23a절)

사망

교사의 말 사도 바울은 죄의 대가가 사망이라고 알려 주고 있어요. 하나님께 짓는 가장 큰 죄는 예수님을 믿지 않고 하나님을 떠나는 거예요. 예수님을 믿지 않고 하나님을 떠나는 것의 결과는 죽음뿐이에요.

Q3 우리가 예수님을 믿으면 어떤 결과가 있나요? (23b절)

영생을 얻게 됨

교사의 말 앞서 죄의 대가는 죽음이라고 설명했어요. 그런데 예수님이 우리를 죄에서 해방시켜 주셨어요. 그로 말미암아 예수님을 믿으면 우리는 죽음의 지배를 받는 것이 아니라 영원한 생명을 선물로 받게 돼요.

이 말씀을 가지고 Value 질문을 이어서 할게요.

Value

[모두 질문]

Q1 사도 바울은 하나님께 감사해야 하는 이유가 죄로부터 해방되어 의의 종이 되었기 때문이라고 말해요. 나에게도 이런 감사의 고백이 있나요?

교사의 말 이 세상의 그 누구도 죄의 문제를 해결하지 못했어요. 이 세상의 법은 단지 처벌만 할 뿐이지 근본적인 해결은 하지 못해요. 그런데 예수님이 이 문제를 해결하셨어요. 우리를 죄에서 해방시켜 주신 거예요. 이 사실을 믿으면 우리는 감사할 수 있어요.

[모두 질문]

Q2 죄의 대가는 사망, 즉 죽음이에요. 우리가 왜 죽는지 알고 나니 어떤 생각이 드나요?

교사의 말 모든 사람은 죽어요. 이 사실을 받아들일 수밖에 없는데, 오늘 말씀을 통해 죽음은 당연한 것이 아님을 알았어요. 모든 사람이 죽는 이유는 죄 때문이에요. 그렇기에 죄의 문제를 해결하면 영원한 생명을 얻을 수 있어요.

[개인 질문]

Q3 예수님이 우리 죄를 대신 감당하셔서 우리는 영원한 생명을 얻게 되었어요. 예수님께 어떤 감사의 고백을 하고 싶나요?

교사의 말 예수님이 십자가에서 죽으심으로써 죄의 문제를 해결해 주셨어요. 그래서 믿는 우리는 영원한 생명을 받았어요. 이 사실을 믿으면 진심으로 감사의 고백을 할 수 있어요. 친구들에게 감사의 고백이 넘쳐나길 바라요.

그럼 어떻게 하나님께 감사를 표현할지 Encourage를 통해 살펴보도록 해요.

Encourage

하나님이 우리를 죄에서 자유롭게 해 주셔서 우리는 영원한 생명을 얻었어요. 이 사실에 감사하며 감사 기도문을 적고 한 주간 기도해 보세요.

감사 기도 Mission

예 하나님, 우리를 죄에서 자유롭게 해 주셔서 감사합니다. 죽음이 아니라 영원한 생명을 주셔서 감사합니다. 매일 예수님의 십자가 사랑과 은혜를 기억하게 해 주세요. 끝까지 예수님을 믿고 예수님과 동행하게 해 주세요. 예수님의 이름으로 기도합니다. 아멘.

Encourage 인도 가이드

하나님께 감사해야 하는 이유를 알았다면 이제는 감사를 고백해야 해요. 이번 미션은 감사 기도예요. 다음에 예가 나와 있어요. “하나님, 우리를 죄에서 자유롭게 해 주셔서 감사합니다. 죽음이 아니라 영원한 생명을 주셔서 감사합니다. 매일 예수님의 십자가 사랑과 은혜를 기억하게 해 주세요. 끝까지 예수님을 믿고 예수님과 동행하게 해 주세요. 예수님의 이름으로 기도합니다. 아멘.” 이 예를 참고해 각자 어떻게 감사 기도를 할지 적어 볼게요. (생각할 시간과 적는 시간을 준다.) 한 주간 하나님께 늘 감사하는 삶을 살기를 바라며, 기도하고 추수 감사 주일 공과 공부를 마치도록 할게요.

기도 하나님, 하나님께 감사해야 하는 이유를 알려 주셔서 감사합니다. 죄로 말미암아 죽을 수밖에 없는 우리를 구원해 주셔서 감사합니다. 영원한 생명을 주셔서 감사합니다. 감사를 모르는 사람이 아니라 감사할 수 없을 때도 감사할 수 있는 우리가 되게 해 주세요. 사랑이 많으신 예수님의 이름으로 기도합니다. 아멘.

	평가 내용	상	중	하
1	인도자용 교재의 내용을 충분히 숙지한 후, 공과 공부를 인도했다.			
2	학생들이 성경의 내용을 이해하고 정확하게 숙지했다.			
3	학생들이 배운 내용을 바탕으로 실제적인 행동을 실천하기로 다짐했다.			
4	학생들의 공과 공부 참여도가 좋았다.			

성탄 주일

굿 뉴스(Good News)

본문 **누가복음 2장 8~20절**

암송 구절 "오늘 다윗의 동네에 너희를 위하여 구주가 나셨으니 곧 그리스도 주시니라"(누가복음 2장 11절).

원 포인트 예수님은 세상의 좋은 소식이시다.

학습 목표
1. 그리스도의 나심이 왜 기쁜 소식인지 설명할 수 있다. (인지적 학습 목표)
2. 그리스도의 나심을 통해 구원받는다는 사실을 믿을 수 있다. (감성적 학습 목표)
3. 구원의 기쁜 소식을 전하며 살기로 결단한다. (행동적 학습 목표)

교사 수첩

본문 묵상	기도	큐티	가정예배	심방

본문 묵상 노트	
본문 묵상	

심방 노트	
심방 내용 (기도 제목)	

본문 배경

누가복음은 복음서 가운데서 가장 긴 내용을 담고 있습니다. 누가는 어떤 복음서보다도 많은 비유를 제시합니다. 주요 주제는 하나님의 계획입니다. 예수님이 태어나신 시기도 하나님의 계획 가운데 그 어느 때보다 적당한 때였습니다. 로마제국이 한창 영토를 확장하고 힘을 뻗치던 때로, 예수님의 탄생과 복음이 전해지기에 충분한 조건을 갖춘 상태였습니다. 또한 로마의 정책으로 유대인들이 자기 호적을 확인하기 위해 자신들의 선조가 살았던 성읍으로 돌아가야 했던 상황이었습니다. 이로써 예수님의 부모인 요셉과 마리아는 베들레헴으로 향했습니다. 메시아의 예언대로 예수님은 베들레헴에서 태어나셨습니다. 목자들은 천사를 통해 예수님의 탄생 소식을 듣게 됩니다. 목자는 당시 천대받던 직업이었습니다. 이를 통해 복음이 당시 사회적으로 천대받던 사람에게 전해졌음을 알 수 있습니다. 누가는 복음서를 통해 이 사실을 여러 번에 걸쳐 강조합니다. 이 소식은 온 백성에게 전달될 복음이라고 말합니다. 이스라엘뿐 아니라 이스라엘 민족을 넘어서 온 세계에 전파될 좋은 소식이라는 것입니다. 다시 말해 좋은 소식이 이스라엘에 먼저 전달된 것은 그들을 통해 온 인류에게 좋은 소식이 전달되어야 함을 뜻합니다. 예수님이 좋은 소식이 되신 것은 예언대로 다윗의 혈통을 통해, 다윗의 동네 베들레헴에서 나실 거라는 약속을 성취하며 오셨기 때문입니다.

친구들, 한 주간 잘 지냈나요? 오늘도 친구들과 함께 삶과 말씀을 나눌 수 있어 참 감사해요. 오늘은 성탄 주일로, 이와 관련된 말씀을 공부할 거예요. 제목을 같이 읽어 볼까요? (공과 제목을 함께 읽는다.) 잘 읽어 주었어요. 오늘 배울 원 포인트도 함께 읽어 볼게요. (원 포인트를 함께 읽는다.) 잘 읽어 주었어요. 이제 설교 시간에 들은 말씀을 기억하며 Welcome 활동을 시작해 볼게요.

단어 설명	**강보(12절)** 갓 태어난 아기의 몸을 단단하게 싸매는 천을 말해요.

Welcome

가장 기쁜 소식

지금까지 들었던 소식 중에 가장 기쁜 소식이 무엇이었는지 생각해 보고, 친구들과 나눠 보세요.

Welcome 인도 가이드

살면서 들었던 소식 중에 가장 기쁜 소식은 무엇이었나요? 생각해 보고 교재에 적어 볼게요. (적는 시간을 준다.) 다 적었으면 친구들과 나눠 볼게요. 친구들이 들었던 소식 가운데서 가장 기쁜 소식은 무엇이었나요? (자유롭게 이야기를 나눈다.) 간절하게 바라고 기다렸던 소식을 들으면 우리는 당연히 기뻐할 거예요.

그렇다면 우리 한 사람뿐만이 아니라 모든 사람에게 가장 기쁜 소식은 무엇인지 Adventure를 통해 살펴보도록 할게요.

Adventure

Adventure 인도 가이드

설교 시간에 들은 말씀을 떠올리며 다음 질문에 답하는 시간을 갖도록 해요. 첫 번째 질문에 대한 답을 적어 볼게요. (적는 시간을 준다.) 다 적었나요?

Q1 천사는 목자들에게 어떤 소식을 전해 주었나요? (10절)

온 백성에게 미칠 큰 기쁨의 좋은 소식

교사의 말 어느 날 밤, 양을 지키던 목자들에게 천사가 나타났어요. 천사는 목자들에게 무서워하지 말라고 말하며 온 백성에게 미칠 큰 기쁨의 좋은 소식을 전해 주었어요. 그 소식은 바로 예수님이 이 땅에 오셨다는 것이었어요.

Q2 예수 그리스도는 누구를 위하여 태어나셨나요? (11절)

우리를 위해

교사의 말 예수님이 이 땅에 오신 것은 온 백성에게 미칠 큰 기쁨의 소식이라고 했어요. 그리고 천사는 "너희를 위하여 구주가 나셨으니"라고 말하고 있어요. 예수님은 우리를 구원하시기 위해 이 땅에 오신 거예요.

Q3 목자들은 예수님 탄생과 관련된 모든 것을 보고 들은 후에 어떤 행동을 했나요? (20절)

하나님께 영광을 돌리고 찬송함

교사의 말 천사의 말을 듣고 목자들은 베들레헴으로 갔어요. 그곳에서 목자들은 마리아와 요셉, 아기 예수님을 만났어요. 그들은 천사가 한 이야기를 나누었어요. 그리고 하나님께 영광을 돌리고 찬송하며 돌아갔어요.

이 말씀을 가지고 Value 질문을 이어서 할게요.

Value

[모두 질문]

Q1 천사는 온 백성에게 미칠 큰 기쁨의 좋은 소식을 목자들에게 전해 주었어요. 예수님이 이 땅에 태어나신 소식이 왜 큰 기쁨의 좋은 소식인가요?

교사의 말 예수님은 이 땅에 구원자로 오셨어요. 아무도 해결할 수 없고, 그 어떤 것으로도 해결할 수 없는 죄의 문제를 해결해 우리에게 구원을 주시기 위해 오셨어요. 믿는 사람에게 구원을 주는 소식이기 때문에 큰 기쁨의 좋은 소식인 거예요.

[서로 질문]

Q2 예수님은 우리를 위해 이 땅에 오셨어요. 예수님이 나를 위해 오셨다는 사실이 어떻게 느껴지나요?

교사의 말 예수님이 이 땅에 오신 것은 단지 2,000년 전에 역사적으로 일어났던 사건이 아니에요. 우리가 구원받은 놀라운 사건이에요. 우리를 만드신 분이 우리의 죄를 용서하시고 우리를 구원하셨어요. 우리는 이 사실에 감사할 수밖에 없어요.

[개인 질문]

Q3 목자들은 하나님께 영광을 돌리며 찬양했어요. 어떻게 하면 우리도 목자와 같은 반응을 보일 수 있을까요?

교사의 말 예수님이 우리를 위해 이 땅에 오셨다는 사실을 믿는다면 목자들과 같은 반응을 보일 수밖에 없어요. 우리를 구원해 주심에 감사하면 하나님께 영광을 돌리고 찬양하게 돼요. 이 기쁨이 우리에게 있는지 돌아보고, 이 기쁨을 회복해야 해요.

그럼 이 기쁨의 소식을 들은 우리가 어떻게 살아야 할지 Encourage를 통해 살펴보도록 해요.

Encourage

예수님이 이 땅에 오셨다는 소식은 모든 사람에게 가장 기쁜 소식이에요. 한 주간 이 소식을 누구에게 어떻게 전할지 적고 실천해 보세요.

굿 뉴스 전하기 Mission

예	
누구에게?	학원 친구에게
언제?	학원 수업 마치고
어디서?	집으로 가는 길에
어떻게?	예수님을 전한다.

누구에게?	
언제?	
어디서?	
어떻게?	

Encourage 인도 가이드

기쁨의 좋은 소식을 들은 우리는 이 소식을 전해야 해요. 그래서 이번 미션은 굿 뉴스 전하기예요. 다음에 예가 나와 있어요. 학원 수업을 마치고 집으로 가는 길에 학원 친구에게 예수님을 전하는 방법이에요. 이 예를 참고해 굿 뉴스를 어떻게 전할지 적어 볼게요. (생각하고 적는 시간을 준다.) 한 주간 굿 뉴스를 전하며 살기를 바라며, 기도하고 성탄 주일 공과 공부를 마치도록 할게요.

기도 하나님, 예수님을 이 땅에 보내 주셔서 감사합니다. 우리를 구원해 주시는 큰 기쁨의 좋은 소식을 주셔서 감사합니다. 우리 안에 기쁨과 감사가 회복되게 하시고 굿뉴스를 전하는 우리가 되게 해 주세요. 사랑이 많으신 예수님의 이름으로 기도합니다. 아멘.

	평가 내용	상	중	하
1	인도자용 교재의 내용을 충분히 숙지한 후, 공과 공부를 인도했다.			
2	학생들이 성경의 내용을 이해하고 정확하게 숙지했다.			
3	학생들이 배운 내용을 바탕으로 실제적인 행동을 실천하기로 다짐했다.			
4	학생들의 공과 공부 참여도가 좋았다.			

Memo

Memo

드림 웨이브

하나님 나라의 통치 2

사무엘하 / 열왕기상·하

청소년

인도자용 교재